本书系2024年度河南省软科学计划项目"创新驱动战略下河南省科技竞争力现状分析及提升路径研究"（项目编号：242400411166）、2023年度学院校级教育教学改革研究项目"第二课堂对地方高校经管类专业创新人才培养的路径研究——以周口师范学院为例"、2022年度高层次人才科研启动经费资助项目"双元学习视域下团队创造力提升的影响因素研究"（项目编号：ZKNUC2022044）的阶段性研究成果。

团队双元学习对
团队创造力的影响机制研究

Research on the Influence Mechanism of
Team Ambidextrous Learning on Team Creativity

闫　娜◎著

经济管理出版社
ECONOMY & MANAGEMENT PUBLISHING HOUSE

图书在版编目（CIP）数据

团队双元学习对团队创造力的影响机制研究 / 闫娜著.

北京：经济管理出版社，2024. -- ISBN 978-7-5096-9798-6

Ⅰ．F273.1

中国国家版本馆 CIP 数据核字第 2024NB2598 号

组稿编辑：董杉珊
责任编辑：董杉珊
责任印制：许　艳
责任校对：陈　颖

出版发行：经济管理出版社
　　　　　（北京市海淀区北蜂窝 8 号中雅大厦 A 座 11 层　100038）
网　　址：www. E-mp. com. cn
电　　话：(010) 51915602
印　　刷：唐山昊达印刷有限公司
经　　销：新华书店
开　　本：720mm×1000mm/16
印　　张：13.25
字　　数：182 千字
版　　次：2024 年 10 月第 1 版　　2024 年 10 月第 1 次印刷
书　　号：ISBN 978-7-5096-9798-6
定　　价：78.00 元

前　　言

面对日益激烈的竞争环境，创新能力的提升已成为企业生存和发展的生命线。团队作为组织的基本单元，已成为重要的创新载体，团队创造力的提升是企业实现创新的关键，组织学习理论的发展让学者们认识到团队往往通过学习将内部资源转化为创造性的产出。实践中发现，中国很多企业中的团队学习并未很好地促进创造力的提升。为提高学习效率，双元学习作为一种重要的学习机制而备受推崇。在以往的研究中，学者们往往沿着"团队双元学习—创造力—创新绩效/创新行为"这一路径展开，而对于团队学习行为影响团队创造力提升的中间机制及相关情境因素则鲜有论述。

鉴于此，本书以组织学习理论、知识管理理论、双元性理论、心理资本理论为基础，构建双元学习与团队创造力的关系模型，引入知识创造为中介变量，知识共享、团队心理资本为调节变量；采用国内外普遍认可的成熟量表形成调查问卷，通过对采集的数据进行分析，表明团队探索性学习和团队利用性学习均对团队创造力有积极的正向影响，知识创造在双元学习对团队创造力的影响过程中起部分中介效应，知识共享和团队心理资本能够正向调节双元学习对知识创造的影响。本书的创新之处在于揭示了双元学习影响团队创造力的中间机制，完善了影响知识创造变量的边界条件。

本书系 2024 年度河南省软科学计划项目"创新驱动战略下河南省科技创新人才竞争力现状分析及提升路径研究"（项目编号：242400411166）的阶段性研究成果。

本书系 2023 年度周口师范学院校级教育教学改革研究项目"第二课堂对地方高校经管类专业创新人才培养的路径研究——以周口师范学院为例"的阶段性研究成果。

本书系 2022 年度高层次人才科研启动经费资助项目"双元学习视域下团队创造力提升的影响因素研究"（项目编号：ZKNUC2022044）的阶段性研究成果。

本书在写作过程中，吸收、借鉴了国内外许多专家学者的最新研究成果和出版文献，在此一并感谢。本书可作为学者从事相关领域研究的参考文献，亦可供企业的高层管理者阅读使用。由于笔者研究时间、水平和经验有限，书中难免有疏漏和不足之处，敬请读者谅解并给予指正。

2024 年 4 月 29 日

目　　录

第一章 绪论

第一节 研究背景与意义

一、研究背景

面对科技革新速度的加快，企业的生存发展受到诸多不确定因素的影响；面对挑战，企业更加注重不断创新变革以提高适应力，创新和创造力的提升成为组织提升绩效和长期生存的决定因素（Anderson et al.，2014）。随着工作分工专业化、系统化程度的加深，作为组织的基本单元——团队在引领企业创新行为、提升创新绩效方面的重要性日益凸显（郭安苹、叶春明，2018），许多组织采用基于团队的结构，以更好地在高度竞争的环境中生存（Zhao et al.，2020）。个人和团队的创造力是创新的起点（Amabile，1995），员工个人和团队所展现的创造力是组织创新和成功的关键驱动力（Zhou &

Hoever，2014）。Edmondson（2002）认为，团队是现代组织中主要的学习和知识创造单元，而团队创造力的不断提升和转化主要依靠团队的学习（韵江、卢从超和杨柳，2015）。因此，团队学习近年来受到了理论界的广泛关注，并得到了多角度的研究。黄玉梅和孙海法（2017）用质性研究的方法丰富了团队学习在中国情境下的内涵与结构维度。除上述研究外，还有学者用实证分析的方法多角度论证了团队学习的影响因素（陈帅、王端旭，2016；崔波、杨百寅，2018；万涛，2017；周小兰，2017；周小兰、张体勤，2018）等。

此外，企业绩效受到学习机制差异的影响，特别是企业在复杂环境下面对诸多二元悖论情境时，对于学习机制的选择，关系着企业的兴衰成败（Gupta et al.，2006）。为解决组织面临的二元困境，March（1991）提出了利用性学习与探索性学习的概念，他认为学习已成为组织重要的生存方式，尝试从双元学习的角度来探究组织学习。在开放式创新环境下，探索性学习和利用性学习被认为是提高团队绩效特别是团队创造力的有效途径（Wu et al.，2017）。Edmondson（1999）提出，知识的学习是团队创造力的来源，团队通过知识的获取来不断提高创造能力；Amabile（1995）同样认为知识是创造力的重要组成部分。Choi 和 Lee（2015）认为，知识可以通过利用性学习、探索性学习过程产生，并用仿真实验的方法证实了团队创造力随着知识的增加而不断得到提升。但关于知识如何影响员工创造力和创新的实证研究却很少（Anderson et al.，2014）。在具体实践中，中国很多创新企业的团队双元学习并未取得提升创造力的实际效果，有的甚至产生了"学习内耗"；并且对于如何提高团队双元学习的效率、这两种学习活动分别如何影响团队创造力，很多企业知之甚少。为有效解决这些问题，探讨团队双元学习、知识创造对团队创造力提升的影响机理具有重要意义。

通过回顾现有文献可以发现，双元性理论在 March（1991）提出了利用性学习与探索性学习的概念后引起广泛关注，学界普遍认为学习已成为组织重要的生存方式。目前围绕双元学习的理论探讨较多地关注组织层面：有的学者从双元学习的平衡视角进行了大量研究，有的学者拓展了双元学习的应用领域，还有的学者对于双元学习的前因、结果变量以及相关影响因素进行了实证研究。学术界对于双元学习的结果变量的研究多从组织层面的创新绩效、创新行为等角度开展，很少有研究涉及团队层面的双元学习对团队创造力的影响。团队创造力作为组织创新的基础，影响到组织创新的实现与保持，研究双元学习对团队创造力的影响是对于组织层面的创新行为、创新绩效中间重要环节的追溯。

团队双元学习是一个动态的过程，团队创造力的提升受到诸多因素的影响。双元性组织通过营造不断学习的氛围鼓励员工进行知识的获取、传播和整合（Teo et al.，2006）；具有双元性的组织为促进员工的顺畅合作，会在组织共同愿景的引领下，倡导员工间减少摩擦，鼓励知识资源互换共享（潘镇、胡超颖，2017）。因此，刘海运和游达明（2011）指出，组织内部静态知识经过个人、团队、组织等各个层面的交流分享，才能真正得以利用，成为技术创新的关键支撑。知识共享是员工之间交流知识的一种活动，它使信息能够在组织层面上传播（Dyer & Nobeoka，2000）。由此可见，知识共享在双元学习与创造力提升的过程中起着重要作用，但将知识共享作为团队双元学习对创造力的调节变量进行实证研究的文献较少，亟待各界进行深入的探讨。此外，研究表明，心理安全可使参与学习行为的感知风险最小化，在团队心理安全度高的团队中，更有助于创新行为的产生（Cauwelier et al.，2019）。创造过程（包括知识创造）需要不断的努力，员工必须具有强大的心理力量来支持他们的行动过程（Amabile et al.，1996；Huang & Luthans，

2015)，高水平的团队心理资本可以为团队营造积极的团队氛围，促进更有效的问题解决和潜在的创新行为，员工在积极向上的环境和心态中更有创造力（Dawkins et al.，2021；Luthans et al.，2011）。因此，团队心理资本能够为团队以及组织进行创新创造活动提供重要支持，帮助团队及组织保持竞争优势，将团队心理资本作为团队双元学习过程中的情境因素进行研究具有重要意义。有效的团队双元学习过程需要有团队内在的共享意识、凝聚力来驱动，本书选取知识共享、团队心理资本作为调节变量，分析其在团队双元学习动态过程中的影响作用。

本书以河南省科技创新企业中的研发团队为研究对象，以组织学习理论、知识管理理论、双元性理论为主要依据，选取团队双元学习对创造力的影响机制为研究主题，以知识创造为中介变量，以知识共享、团队心理资本为调节变量，旨在探究团队双元学习过程中各变量之间的作用关系及其对团队创造力的影响，以寻求提升团队创造力的科学方法。

二、研究意义

（一）现实应用意义

1. 有利于组织提高创新能力

团队创造力是组织创新的基础与不竭动力，影响组织创新的持续性发展，研究双元学习对团队创造力的影响是对于组织层面的创新行为、创新绩效中间重要环节的追溯，揭示团队双元学习对团队创造力的影响机制，有利于组织创新能力的提升。

2. 有利于企业在双元情境下构建有效提升团队创造力的综合机制

团队创造力作为组织创新的基础，影响组织创新的实现与保持，本书探讨双元学习、知识创造在提升团队创造力方面发挥重要作用的同时，关注知识共享以及团队积极心理资本的调节作用，有利于企业从多角度综合考量团队创造力提升的影响因素，从而构建有效提升团队创造力的机制，以增强企业面对复杂环境的适应力。

3. 有利于双元学习型组织的建立

组织双元学习能力的培养要通过员工或团队层面双元学习行为的效果来实现，团队是组织运行中的重要单元，具有双元学习能力的团队是学习型组织建立的基础。本书模型的建构以知识学习、知识创造为主要线索，既考虑团队层面的心理状态，又兼顾知识共享的重要作用，对企业建立多元化的学习型组织具有借鉴意义。

（二）理论指导意义

1. 构建了以团队双元学习对团队创造力为主线的研究框架

本书对模型涉及的变量团队探索性学习、团队利用性学习、知识创造、知识共享、团队心理资本、团队创造力的内涵进行了界定，并对六个变量间的作用机制进行了实证分析，探究了它们之间的内在机理，进一步丰富了组织学习理论、知识管理理论、双元性理论、心理资本理论等相关理论，有利于理论间的融合发展。

2. 揭示了团队双元学习影响团队创造力的中间机制

本书将知识创造作为中介变量考察其作用效果，拓展了双元学习对创造力提升作用的中间机制。在知识经济时代，新知识的高效产出是组织发展的生命线，组织内部知识的创造成为其增强竞争力的主要因素，而团队则是知识创造产出的重要单元。本书引入知识创造为中介变量，以"学习行为—知识创造—创造力"为研究路径，揭示了双元学习影响团队创造力的中间机制，是对于创新行为、创新绩效中间重要环节影响因素的追溯，促进了创造力形成机制相关理论研究的深度发展。

3. 拓展了团队创造力提升的研究视角

以往对团队创造力提升的研究大多聚焦于教育及知识异质性、领导风格等方面，本书从团队双元学习的视角研究创造力提升的影响因素，并将团队双元学习看作一个动态的过程，综合考量团队内部知识共享氛围以及团队心理层面的影响因素，更有利于团队从自身发展层面探究团队学习效果，为提升团队创造力提供新的研究视角。

第二节　研究内容与结构安排

一、研究内容

本书将基于前人研究成果重新界定团队层面双元学习的范畴，进一步丰富双元学习的内涵，拓展双元学习影响团队创造力的中间机制，探究知识共享作为中介变量的作用效果，研究双元学习过程中各变量之间的关系，探讨团队双元学习对创造力提升的影响机理以及寻求提升团队创造力的科学方法。通过对团队双元学习对创造力的影响机理研究，为中国企业面对科技革新速度加快的挑战、增强自身竞争力提供理论依据。

本书的研究主要分为四个部分：

1. 完善团队双元学习的具体内涵

双元学习是组织双元理论中的一个重要的构念，组织层面的双元学习研究相对成熟，而团队层面的双元学习研究还需深入探究。本书将以文献研究为前提，并通过专家访谈法，结合中国企业团队实际对团队双元学习的内涵进行重新界定，加深对研究问题的理解，为后续研究的开展夯实理论基础。

2. 拓展双元学习影响团队创造力的中间机制

以组织学习理论、知识管理理论为研究基础，本书将团队双元学习对团队创造力的影响看作一个动态的过程，探寻影响二者关系的中间机制；通过实证分析验证知识创造作为中介变量的作用效果。

3. 考察团队心理资本和知识共享的调节效应

以心理资本理论、组织学习理论为研究基础，本书综合考量团队成员心理层面的因素以及知识共享氛围营造的影响作用，通过实证研究检验团队心理资本、知识共享在团队双元学习对知识创造影响中的调节效应。

4. 对实证研究结果进行总结分析

通过数据分析和假设验证，本书分别分析了团队双元学习、团队创造力、知识创造、知识共享、团队心理资本各个变量间的作用机理，寻求提升团队创造力的科学方法。通过对团队双元学习过程对团队创造力的影响机理研究，本书研究成果可为中国企业中团队的管理者如何保持团队良好的学习行为以提高创造力、为企业发展提供创新动力以应对日益激烈的竞争环境等方面提供相应的参考。

二、结构安排

本书以文献研究为基础，以组织学习理论、知识管理理论、双元性理论为依据，以"团队双元学习—创造力"为研究主线，构建了以团队双元学习为前因变量，以知识创造为中介变量，以团队心理资本、知识共享为调节变量，以团队创造力为因变量的研究模型结构；通过假设、检验各变量间的作用关系以揭示团队双元学习对团队创造力的内在影响机制。本书根据上述研究需要，进行了各章节具体内容的设置，全书共有五章，现对各章的主要内容进行概括性陈述。

第一章为绪论。该章介绍了本书的社会经济背景,所在研究领域的现状并提出问题,阐述了研究开展的现实应用意义和理论指导意义,说明了针对团队双元学习对团队创造力作用过程计划研究的内容,简要展示了各部分的具体结构设置。此外,根据研究需要,该章介绍了本书选取的主要研究方法以及设定的研究技术路线,提出了本书研究的创新点,体现了开展研究的整体规划,展现了本书的基本行文思路。

第二章为文献综述。该章先对本书研究所依据的理论基础进行了介绍,对组织学习理论、知识管理理论、双元性理论的内涵、起源、发展以及演进过程进行了回顾,并分析了这些理论与本书研究的主要支撑关系。在相关变量的文献综述中,梳理了自变量团队双元学习、中介变量知识创造、调节变量知识共享和团队心理资本、因变量团队创造力的研究现状;主要从变量的含义界定、研究维度、主要影响因素三个方面进行整理和归纳,并针对整理后的内容进行了简单点评。该章是研究开展的理论基石,对以前研究情况的把握有利于找准研究的切入点,为后续研究的开展打下基础。

第三章为理论模型和研究假设。该章以检索筛选到的文献研究成果为依据,提出了团队双元学习与团队创造力之间的关系假设以及知识创造在团队双元学习与团队创造力之间中介关系的假设,引入了知识共享、团队心理资本变量,提出了知识共享在团队双元学习对知识创造关系的调节作用中的假设以及团队心理资本在团队双元学习对知识创造关系的调节作用中的假设,并在该章最后进行了小结,给出了本书的理论模型设计。

第四章为研究设计与数据分析。首先,该章对研究所涉及的六个变量的含义进行了界定。其次,依据以往文献中的成熟量表并根据研究情境和需要,对六个变量的测量项进行了初步设计,组合成了本书的初始调研问卷。为了使调研问卷更加科学有效，针对五个企业进行了小范围的数据收集，并对处理后的预调研数据用 SPSS23.0 进行了探索性因子分析，依据分析结果和预调研过程中发现的问题对调查问卷进行了修订和完善。再次，根据正式调查问卷展开了大样本数据调研，利用 AMOS21.0 软件对收集的数据进行了信度和效度检验，因研究的需要将个体层面的数据聚合到团队层面，并对聚合后的数据进行了描述性统计分析等四项相关质量评估，对第三章中的研究假设进行了验证和分析。最后，对该章的主要内容进行了总结。

第五章为结论与展望。该章主要是对前面章节内容的回顾与总结：首先，对研究的结果进行了更为详细的总结；其次，阐明了本书研究对实践的指导意义，并指出了对企业中团队管理者以及现代企业中创新发展的启迪；最后，结合研究过程中存在的局限性指出了几点不足，并为将来相关研究的开展提出了设想。

第三节　研究方法与技术路线

一、研究方法

本书根据研究问题的性质选择了定量研究方法，现从数据收集、数据分析、数据解读三个部分进行阐述。

（一）数据的收集

本书研究的数据收集采用问卷调查的方法进行，该方法具有快速、有效、廉价的特点（陈晓萍、沈伟，2018）。该方法建立在前期文献研究的基础上，依据信度、效度较高的成熟量表对模型中各构念进行测量，并通过征求专家的意见和建议形成最初的问卷。问卷调查将通过纸质和电子相结合的量表形式进行，为了使各题项的衡量标准更有区分度，本书采用 Likert 7 点数值量化的形式。此外，为了克服数据同源性误差，问卷中的团队双元学习、知识创造、知识共享、团队心理资本变量的测量项选择由团队普通成员填写，而团队创造力的测量项则由团队的管理者来填写。基于抽样数据的便利性和可获取性的原则，本书主要采用了便利性抽样的方式。为了提高问卷的研究效度，本书将团队成员教育水平、团队规模、团队任期作为控制变量（Li et al.，2017；Shin & Zhou，2007；Tho & Duc，2021；Tsai & Li，2007；Zhao et al.，2020）。

（二）数据的分析

本书拟采用 SPSS 软件和 AMOS 软件，根据研究模型的设计原理，对收集到的数据进行分析、质量评估以及假设检验。首先，为了检验问卷的信度、效度，本书进行了预调研，并对采集的数据进行了探索性因子分析，根据分析结果对初始调查问卷进行了调整；为了使研究更为严谨、科学，构建了结构方程模型，对正式调研数据进行了验证性因子分析。其次，根据研究需要，对个体层面的数据进行了团队层面的聚合分析，以此为基础进行了数据的描述性统计、相关性分析以及共同方差分析。最后，依据研究模型中各变量的关系以及中介变量和调节变量的检验方法，运用层级回归分析进行假设检验。

（三）数据的解读

依据数据输出结果，对各统计指标进行解读，通过分析得出检验结果。在进行探索性因子分析时先进行 KMO 和 Bartlett 球形检验，判定数据是否适合做探索性因子分析，然后分别检测各变量数据 Cronbach 系数 α，并用主成分分析法，进行最大方差旋转后，得到各变量的因子载荷系数（通常大于

4)，以此判断数据的信度和效度。在进行验证性因子分析时，本书量表的信度指标借鉴吴明隆（2013）的做法，以测量指标的信度系数和变量的组合信度系数来衡量，量表的效度主要用聚合效度和区分效度来衡量。聚合效度用平均方差抽取值（Average Variance Extracted，AVE）来表示，将区分效度潜在变量的 AVE 值的平方根与其他潜在变量的相关系数进行比较。检验各项拟合优度指标 χ^2/df、GFI、AGFI、NFI、IFI、CFI、RMSEA；在将个体层面的数据聚合到团队层面时，先对组内评分者信度（R_{wg}）和组内相关系数（ICC（1）和 ICC（2））进行检验，再通过公式进行聚合；而后，对聚合后的数据进行描述性统计和相关性分析，通过中位数、标准差、相关性系数、P 值等指标判定数据的合理性。在进行中介效应和调节效应检验时，通过模型中各变量间的回归系数（β）、P 值以及 R^2 值的变化来进行判定。

二、技术路线

本书首先通过文献的收集和研究初步提出了团队探索性学习对团队创造力的影响机制问题，阐述了研究的背景和重要意义。在此基础上，深入企业，通过访谈获取一手资料，并进行分析、归纳、总结，进一步探寻影响团队探索性学习对团队创造力过程中的综合因素，确定了以知识管理理论、组织学习理论、双元性理论、心理资本理论为理论基础，以团队双元学习、知识创造、知识共享、团队心理资本、团队创造力各变量间相互关系的探讨为主要研究内容。其次，采用问卷调查的方法进行了预调研以及正式调研数据的采集，对数据的质量进行了评估，对处理后的数据依据模型构建的原理和统计分析方法并针对研究假设进行检验。基于以上内容，笔者绘制了本书的研究技术路线以更清晰地展示本书的行文思路，如图 1-1 所示。

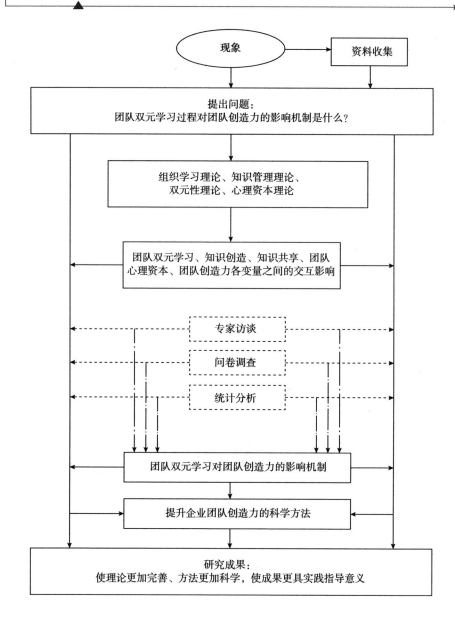

图 1-1   本书的研究技术路线

第四节 研究创新点

本书针对团队学习如何有效促进团队创造力这一热点展开研究，通过文献研究明晰了目前该研究的现状与不足，并确定了以组织学习理论、知识管理理论、双元性理论以及心理资本理论为依据，构建以团队双元学习为自变量，以知识创造为中介变量，以知识共享、团队心理资本为调节变量，以团队创造力为因变量的关系模型。本书的研究拓展了相关理论的广度。通过与以往研究的对比，本书研究的主要创新点如下：

第一，揭示了双元学习影响团队创造力的中间机制。团队所展现的创造力是组织创新和成功的关键驱动力（Amabile，1995；Zhou & Hoever，2014），许多组织采用基于团队的结构以更好地在高度竞争的环境中生存（Zhao et al.，2020）。学者们论证了团队创造力对团队绩效的促进作用（Gupta et al.，2006；韵江等，2015），指出了学习机制的差异性对组织绩效以及团队绩效的影响。探索性学习和利用性学习作为两种重要的学习方式，对研究其对团队创造力的影响机制具有重要的意义和价值。

在以往的研究中，学者们的研究往往沿着"团队双元学习—创造力—创新绩效/创新行为"这一路径，而对于学习行为如何影响创造力这一重要环节的论述较少。本书以组织学习理论、知识管理理论为基础，引入知识创造为中介变量，以"学习行为—知识创造—创造力"为研究路径，探究团队双元学习对团队创造力的作用机制，是对于创新行为、创新绩效中间重要环节影响因素的追溯，不仅丰富了创造力形成机制研究，而且为知识创造相关研究提供新视角，拓展了组织学习理论、知识管理理论的广度。

第二，拓展了知识创造的研究视角。为了进一步探究影响团队双元学习与知识创造间的边界条件，本书将知识共享变量作为团队学习过程中的调节变量。在现有的研究中，知识共享在团队学习对知识创造的影响作用中的研究较少，Akhavan 等（2012）探讨了知识共享的三个维度对知识创造的影响，但并未将知识共享、知识创造的关系置于动态学习中进行研究，本书借鉴了学者们将知识共享作为一种团队内部资源互享氛围营造的观点（Dong et al.，2017；Huang et al.，2014；Lee & Song，2020），将知识共享作为团队双元学习对知识创造影响过程中的情境因素，探究知识共享的调节作用，拓展了知识创造的研究视角，丰富了知识管理理论的研究内容。

第三，将积极心理资本理论引入组织学习理论和知识管理理论的研究领域，探索心理资本在团队学习层面对知识创造的调节作用，创新了研究视角，增进了相关研究领域的融合发展，不仅丰富了心理资本理论的研究内容，而且进一步挖掘了影响知识创造的边界条件。心理资本被称为继经济资本、人力资本、社会资本之后对提升个体、团队以及组织竞争优势最重要的资本（Luthans et al.，2004；Luthans & Youssef-Morgan，2017）。随着研究的深入，团队在现代组织中的作用逐步凸显，学者们对个体心理资本的研究逐渐转移到团队层面（Clapp-Smith et al.，2008；Heled et al.，2016；Peterson & Zhang，2011；Walumbwa et al.，2014）。在以往的研究中，虽然未检索到有关团队心理资本在团队双元学习对知识创造中的调节作用的论述，但有很多相关性的研究可以借鉴（Avey et al.，2011；Dawkins et al.，2015；Degoey，2000；Luthans & Youssef-Morgan，2017），并受到了社会感染理论的启发（Dawkins et al.，2015；Degoey，2000）。本书将团队心理资本置于团队动态学习过程中，考察其作为积极心理资源的调节作用，进一步丰富了团队心理资本的研究。另外，在研究学习行为对知识创造的影响机制中，本书考量了团队内隐条件（心理资本）的影响作用，创新了研究的视角。

第五节 本章小结

本章先介绍了本书的研究背景，提出了团队双元学习如何影响团队创造力的研究问题，阐述了研究开展的现实应用意义和理论指导意义，并在此基础上设计了本书研究的主要内容，即完善团队双元学习的内涵、拓展双元学习影响团队创造力的中间机制、考察团队心理资本和知识共享的调节效应以及对实证研究结果进行总结分析等；根据上述研究内容，进行了各章具体内容的设置，介绍了本书主要采用的研究分析法，绘制了本书的研究技术路线以更清晰地展示本书的行文思路；通过与以往研究的对比，提出了本书可能的三个创新点。本章在全书中起到了提纲挈领的作用，体现了本书的逻辑思路和整体安排。

第二章 文献综述

第一节 相关理论基础

一、组织学习理论

对组织学习理论的研究，先要弄清组织学习概念的提出以及其演进过程，厘清组织学习主要的研究范围；然后根据研究需要对组织学习的层次、过程以及理论模型进行重点梳理和总结，并阐述该理论与本书研究的关联之处；最后对组织学习理论的整体情况进行述评。

（一）组织学习的内涵

关于组织学习概念的提出，学术界有不同的认知。Sinkula（1994）认为是Cyert 和 March（1963）最早提出组织学习这一概念；Crossan 等（1999）则认为在 Cangelosi 和 Dill（1965）讨论这个话题之前，"组织学习"就已经存在于我们的词典中了；Easterby-Smith 等（2000）认为"组织学习"现在是一个已经完全确立的研究领域，人们对组织学习的兴趣可以追溯到 20 世纪 50 年代末。

组织学习是一个多学科交叉的复杂概念，组织理论、产业经济学、经济史、商业、管理以及创新研究，包括心理学的许多分支都探讨了组织如何学习的问题（Dodgson，1993）。在 Web of Science 核心合集数据库中以 "organizational learning" 为主题检索，共检索出 22116 篇相关文献，从 2011 年到 2021 年平均每年会有 1500 篇的文献产出量，这说明对组织学习的研究在 20 世纪 80 年代末的一次突然爆发式发展后（Easterby-Smith et al.，2000）一直热度不减。组织学习是一种组织理论，它既探讨组织内部对发展变化的学习及适应，也涉及组织与外部环境的互动与交流。Crossan 等（1999）认为，尽管近年来人们对组织学习的兴趣急剧增长，但组织学习的规律仍然令人难以捉摸，他们还认为企业的不断更替发展是研究不断深入的动力，组织学习是实现组织发展目标的主要手段。Dodgson（1993）则认为，组织学习之所以成为受关注的焦点并被广泛的文献所论述，是因为该理论较为全面地将组织学习的目标、过程、方式等进行了探索，试图开发更能适应和响应变化的组织学习结构和系统，以适应快速的技术变革对组织的深远影响。此外，从学科的广度上，"学习"这个概念具有广泛的分析价值，跨学科的学习方法避免了在该主题的一些文献中看到狭隘的观点。它是一个综合的概念，可以统一不同层次的分析，如个人、团体和组织（Dodgson，1993；Easterby-Smith et al.，2000；Sinkula，1994）。

由于组织学习是多学科交叉的概念，学者们思考的角度不同，因此会得出不同的见解，本书对有代表性的学者给出的组织学习的概念进行了梳理，见表 2-1。

表 2-1 组织学习的概念

代表作者（年份）	组织学习的概念
Levitt 和 March（1988）	组织被视为通过将历史知识推理编码成指导行为的例程来学习
Stata（1989）	组织学习被认为是一个依赖从内外部取得新知识和认知进而修正行为的过程
Huber（1991）	组织学习是通过相互关联的四个结构（知识获取、信息分发、信息解释和组织记忆）集成连接的闭环系统
Simon（1991）	通过团队成员的学习或吸收新成员、通过组织成员间的信息传播和共享而形成的组织内部学习是组织学习的重要组成
Lant 和 Mezias（1992）	组织变革的学习模型可以解释间断平衡模式，并使用学习框架来模拟组织稳定与变革之间的张力
Kim（1993）	组织学习被定义为提高组织采取有效行动的能力
Dodgson（1993）	组织学习可以被描述为企业围绕其活动，在其文化中建立、补充组织知识、惯例的方式，以及通过改进对其员工广泛技能的使用来适应和发展组织的方式
Sinkula（1994）	组织学习是保存知识的手段，以便知识可以被其祖先以外的个人使用
Nonaka 和 Takeuchi（1995）	组织学习可以看作一个企业促进知识获得、创造并使之传播于全组织并体现在产品、服务和体系中的能力
Crossan 等（1999）	组织学习可以被认为是企业调整战略的重要路径，认识和管理利用和探索之间的紧张关系是组织学习理论的核心要求
Easterby-Smith 等（2000）	组织学习是多层次的，是社会、组织中有能力的参与者进行知识互动的过程
Lumpkin（2005）	组织学习是企业对远景战略规划进行调整的关键路径，可以增强企业识别机会的能力，并帮助它们有效地规避新的风险
于海波（2018）	组织学习是指以个人学习为基础，通过组织内部和组织之间人与人的社会互动，而使组织观念和行为发生持久变化的过程

资料来源：根据本书收集的文献进行整理。

（二）组织学习的层次

关于组织学习的层次问题，最初学者们曾在个人与组织层面上展开争论（Easterby-Smith et al.，2000；Huber，1991；Lant & Mezias，1992；Simon，1991），个人和组织之间的争论平息后，学界建议广泛接受多层次的学习，并且群体层面的作用已经变得更加突出，分析的层次已经拓展到探讨团队以及组织间的学习（Wilson et al.，2007）。Crossan 等（1999）认为，组织学习理论研究的开展，需要考量不同层次上的因素，这是一个合理的共识。李栓久和陈维政（2007）构建了个人、团队以及组织三个层面的学习模型，并对三者之间的关系进行了分析和论证。于海波等（2004，2007）认为，组织学习包括个体、团队、组织层、组织间四个学习层次。在全球经济一体化的今天，组织不仅要盘活内部的学习资源，更要注重组织间的合作和交流。本书同样认为，组织学习具有多层次性，个体学习是起点，对于组织而言，个人学习只有上升到团队层面、组织层面才具有重要意义。

1. 个体学习

对于个体学习的研究久远而广泛，很多经典的学习理论都是从个体角度来对学习进行研究的。在组织学习理论中，学者们对于组织学习的多层次性已逐渐达成共识，但由于研究的侧重点不同，个体学习仍然是组织学习研究的一个重要角度。Simon（1991）认为，个体学习非常重要，是组织学习进行的关键和基础。个人学习是组织学习的必要但不充分条件，他认为学习最初发生在个体的头脑中。一个组织有两种学习方式：一是通过其成员的学习或吸收新成员；二是开展内部学习，表现为信息在不同成员间的流动。组织中的个人学习是一个普遍现象。Dodgson（1993）虽然也接受学习包括组织与团队的参与，但更注重个人在学习中的重要作用。他更强调个人的能动性在学习中的作用，同时也认为企业和团队文化受到个人学习的影响，并可以指导和利用这种学习。Andrews 和 Delahaye（2000）将研究重点放在了影响组织学习知识过程中的个人层面上，认为个人感知在知识导入和知识共享关系中起着中介作用，个人层面的因素对组织知识流程产生了强大的影响。

从组织学习理论的视角来看，本书认为，个体层面的学习是指组织中的个体为促成组织目标的实现，通过组织内外部知识的共享以及工作中的实践总结，而进行的认识提升和行为发展的持续过程。这里的个体学习，既包括通过组织外部的学习途径也包括通过组织内部的学习渠道，强调组织内外部的互动交流，既包括个人认知的提升也包括行为的发展变化。个人学习是学习的起点与主体，Huber（1991）认为，尽管组织学习是通过个人进行的，但组织学习只是成员学习的累积结果的论断是错误的。成员来了又走，领导发生了变化，但组织的记忆随着时间的推移保留了某些行为、思维地图、规范和价值观，说明组织学习包含着更多层次的学习。

2. 团队学习

个体层面的学习只有通过知识的共享进一步转化为集体层面的学习，组织学习才能够完整实现。团队学习既是组织学习的重要载体也是其媒介，它不仅可以促进组织里的个人学习，而且可以推动个人层面的学习向组织层面的学习转化。团队因其结构的灵活性、行动时的协作性，已成为很多组织常用的基本单元，也成为进行学习交流、知识创造的重要场所。团队学习的成效已成为组织绩效提升的关键（Edmondson，2002）。随着工作分工日益细化，团队在引领企业创新行为、提升创新绩效方面的重要性日益凸显（郭安苹、叶春明，2018）。

在现代组织中，团队在知识创造和知识传播中起着关键作用，因此组织在进行工作任务设计时，更多的是考虑将团队作为重要的任务基本单元（Nonaka，1991）。Schein（1996）论述了组织中的操作员团队、工程技术人员团队、高管团队对于组织学习的影响，强调了团队层面的学习行为对组织学习的影响作用。Wright（1995）认为，团队在新知识的产生和转移中起着中介和桥梁作用，这缘于团队成员之间知识的互补性以及相互沟通交流的便利性，有利于新知识的创造以及促进新知识从个体层面向组织层面流转。Grant（1996）则认为，团队学习尽管最终还是立足于个体的学习，但团队层面的协作要远胜过个体所知所做。可以将团队知识共享视为团队成员相互影响的过程，也可以将其视为成员集体认知不断发展完善的历程。Schulz（2001）研究了组织中子单元之间知识的流动，探索了收集新知识、编纂知识和整合利用旧知识三个学习过程。

按照研究聚焦的着重点不同，可将团队学习研究分为行为导向、信息导向、结果导向三类。行为导向的研究重点主要是团队中的各个成员之间互动关系以及学习行为方式，此种类型的研究关注的是学习行为本身的特性（Edmondson，1999；Prieto－Pastor et al.，2018；Sumanarathna et al.，2020；季桓永、张静，2016；毛良斌，2010）；信息导向的研究重点是团队在开展学习的过程中进行信息处理的方式方法，此类研究更多关注的是学习过程中技术性革新等客观条件变化带来的影响（Wilson et al.，2007；蒋丽芹、李思卉，2020；林陵娜、刘迅和周咏馨，2019；弋亚群、谷盟、刘怡和马瑞，2018）；结果导向的研究重点是团队学习影响的结果，比如团队学习带来的团队创造力的提升、团队以及组织绩效的提升等（Cao et al.，2009；Duc et al.，2020；Ellis et al.，2003；Kostopoulos & Bozionelos，2011；Li et al.，2019；Wu et al.，2017；Zhao et al.，2020；陈国权，2007）。随着学者们对团队学习内涵研究的拓展，团队学习的结构维度研究也经历了从单维度（Edmondson，1999）到多维度（Bresman，2010；Wong，2004；陈国权，2007；黄玉梅、孙海法，2017）的发展。

随着研究的深入，研究者分别从团队内外部因素、知识管理、学习方式等方面着手展开了对影响团队学习效果相关变量的论证。通过文献梳理发现，团队的学习方式和行为是研究关注的重点，周小兰和张体勤（2015）开发和验证了团队学习三维结构量表，对团队学习的传播路径进行了探究，强调了知识在个体与团队间动态流动对团队学习的重要作用，建立了个人学习与团队学习的知识分流模型，并通过实证检验了团队成员知识共享意愿对团队学习的直接影响。陈帅和王端旭（2016）全面剖析了内部学习和外部学习等不同团队学习方式及其影响因素。黄玉梅和孙海法（2017）对团队学习进行了中国情景化的研究，将团队的学习行为划分为内部、间接、情境等维度，从多层次的角度提出了如何提高团队学习效果的意见。此外，团队成员之间的合作，团队与团队之间的交流沟通对团队创造力以及组织绩效能够产生积极的影响（戴万亮、杨皎平和李庆满，2019；万涛，2017）。

3. 组织学习

在组织层面上，学者们从不同角度阐述了对组织学习的理解。Levitt 和 March（1988）将组织学习视为通过将历史知识推理编码成指导行为的例程，并认为组织学习作为一种智力形式具有局限性和可能性。Stata（1989）认为，组织学习是一个依赖从内外部取得新知识和认知而修正行为的过程，因此学习速度是由组织内最慢的环节决定的，组织的记忆依赖于留存的知识体系。Kim（1993）论述了个人学习与组织学习之间的内在关系。Sinkula（1994）则认为，没有个人学习就没有组织学习，个人学习是组织学习的必要但不充分条件，组织学习是保存知识的手段，以便知识可以被其他个人使用。该研究描述了市场信息处理和组织学习之间的关系，给营销理论研究领域和研究者提供了一个合理的研究基础。

除了对组织学习内涵、过程的关注，学者们还对组织学习的模式进行了探索。March（1991）提出了企业在适应性发展过程中进行探索性学习和利用性学习的学习机制，并且强调了在探索和利用之间保持适当的平衡是组织系统生存和繁荣的主要因素。Crossan 等（1999）提出，认识和管理探索与利用之间的紧张关系，是适应战略更新的两个关键挑战，也将成为组织学习理论的中心要求。Lant 和 Mezias（1992）探索了一种在组织面临挑战时，让组织保持效率和灵活性的组织变革学习模型，该模型可以解释组织的间断平衡模式，并使用学习框架来模拟组织稳定与变革之间的张力。Sinkula 等（1997）回顾了组织学习的概念演变，构建了一个基于市场的组织学习的具体过程，并对这一模型进行了实证检验。Easterby-Smith 等（2000）认为，组织的成员会更替，但组织的记忆会随着时间的推移而保存某些行为、心理地图、规范和价值观，组织学习的实现需要把组织中的新知识和新行为渗透到组织的系统、结构和程序中。Bontis 等（2002）考虑了在一个整体的组织学习系统中，学习的存量和流量之间的关系。

4. 组织间学习

在进行文献检索时发现，关于组织学习的文献，呈现出大多聚焦于组织内部各个层面学习的现象，而对于组织间学习的研究则比较少。随着全球技术竞争的加剧以及市场一体化程度的提高，企业间的互利共享已日趋重要（侯丁鼎、范培华，2018），企业间呈现出多领域进行交流合作的趋势，组织学习在组织间层次的研究也随之出现（Easterby-Smith et al.，2000）。组织间学习可以为组织的发展拓展更为广阔的汲取新知识、获取新能力的空间，成为组织学习理论研究的新方向。Holmqvist（2003）提出，组织内学习和组织间学习这两个过程是深刻交织在一起的，强调了交叉融合这两个过程中的必要性，认为开发和探索既发生在组织内部也发生在组织之间，二者的关系可以由组织内部各层次的学习以及组织间的学习相互作用。Dodgson（1993）认为，学习是一个动态综合的概念，可以统一个人、团体、公司不同层次的分析；企业还可通过学习竞争对手的学习方式来拓展学习。Inkpen 和 Crossan（1995）讨论了组织学习的四个关键要素：管理学习经验的本质、组织内管理学习的共享和整合、学习的制度化以及组织学习与绩效的关系。该研究认为，企业虽然具有明确学习目标，但如果缺少适当的机制和系统，只是机械地从母公司整合学习经验，容易导致形成僵化的学习理念进而影响组织学习效果。组织间学习的基本类型大致可分为跨国公司、合资企业各子单元间、网络组织、战略联盟、产品相关产业链间等学习形式。

此外，在组织间学习的研究中，有的学者关注到了同行业间以及相关供应链组织间的学习。Revilla 和 Knoppen（2015）探讨了在买方和供应商关系中建立知识整合，从而不断提高组织绩效。王树斌等（2020）研究了同行业组织间的知识共享行为怎样通过技术学习的传导作用影响能源企业生产绩效。戴建平和骆温平（2017）则以供应链上的物流企业为研究对象，构建了同一供应链上下游的企业开展合作共赢的价值创造模型。

（三）组织学习的部分理论模型

1. Senge（1990）的五项修炼模型

彼得·圣吉（Peter M. Senge）被称为"学习型组织之父"，他最早提出了"终身学习"的概念。他于 1990 年从系统动力学的角度首次提出了五项修炼模型，主要包括自我超越、心智模式、共同愿景、团队学习、系统思考五个模块；五个模块之间紧密联系，逐渐加深。其中，自我超越体现了通过怀抱终身学习的承诺而对自我目标的不断设定与挑战，这一模块是学习型组织的基础和精神支撑；心智模式是个人内心深处对认知世界的判断，它深刻地影响着人们的行为模式，心智模式的改善可以激发个人的内在潜能，提高学习效率，为学习型组织的建立凝聚共识；共同愿景是组织中成员共有目标的统一，这一模块的训练体现了组织对团队整体效能发挥的注重，强化了组织成员的归属感和一体感；团队学习模块可以被视为对前三项模块训练内容更深入的强化，这一模块是对共同愿景实现路径的探寻；系统思考模块是整个理论体系的基石，通过系统动态思考的方法将前四者有机融合，以达到整体协同发挥作用、实现效果最大化的目的。五项修炼模型理论的实践性比较强，影响范围广泛，并且为学习型组织的建立提供了训练模式。但这一理论模型具体效用的发挥会受到组织内外部复杂环境的影响和制约，其在我国企业中的适用性及其具体实施条件的确定还需要做进一步的实证研究。

2. Kim（1993）的心智整合模型

Kim（1993）开发了如何将个人学习有效转移到组织中的心智整合模型。心智整合模型指的是影响人和组织在世界上如何运作的思维结构，通过心智模型将个人和组织的学习联系起来，使个人学习和组织学习实现相互转化，有利于学习型组织的建立。心智整合模型主要包括个体的单循环学习和个人学习向组织学习转化的双循环学习。个体的学习又由概念性学习和操作性学习两个部分组成，通过个体以及共享心智模型将两个层次的学习行为联结，实现转化。

心智整合模型的构建进一步丰富了组织学习理论，该模型包括了单循环和双循环学习的过程，阐述了个体层与组织层学习的相互转化过程，为学习型组织的建立提供了参考路径。但在这一模型中，Kim 只强调了个体、组织层次的相互转化关系，并未将团队层次的学习行为纳入模型，而团队学习在组织学习中起到中转站的重要作用，该模型缺少了中间关键环节的考虑，因此具有一定的片面性。

3. Nonaka 和 Takeuchi（1995）的知识创造动态理论模型

Nonaka 和 Takeuchi（1995）提出了知识创造动态理论模型。这一理论描述了知识在不同层次的存在形式，对知识在螺旋上升转化过程进行了呈现（Nonaka，1991；Nonaka et al.，2000）。这一理论的思想构架于知识的存在论和认识论两个维度，将知识分为隐性和显性两个类别，描述了两种知识类型的循环往复相互转化的四种模式，虽然四种知识转化模式中的每一种都能独立创造新知识，但组织知识创造模式的中心主题在于不同知识转化模式之间的动态互动。该理论将影响知识创造的条件归纳为意图、自主管理、波动和创造性混沌、冗余、必要多样性五个方面，并以此为基础揭示了组织进行知识创造的五个阶段，即共享隐性知识、创造概念、验证概念、建造原型、转移知识。该模型指出两种知识之间的转化速度受到参与者人数的影响。因此，组织的知识创造可以看作一个螺旋上升的过程，从个人层次上升到集体（群体）层次，再上升到组织层次，有时甚至延伸到组织间层次，而后循环往复。

该理论认为，学习本身的内涵是有限的、静态的，而组织的知识创造是一个更广泛的、动态的概念，它注重开发新产品的研发团队的双环学习，缺少对单环学习的设计，这可能会导致漏掉通过改善现有产品而创造的组织知识；而 Kim（1993）的组织学习循环模型则做到了这一点。知识创造动态理论模型通过日本企业的实践揭示了企业创新发展的源泉，对其他国家和地区的企业创新发展、提升综合竞争力具有启示意义。

4. Crossan 等（1999）的组织学习 4I 动态模型

Inkpen 和 Crossan（1995）提出了一个研究组织学习的概念框架，该框架从组织学习的行为和认知视角，提出了多层次的观点，表明组织中的学习发生在个人、团体和组织层面，并描述了学习过程和结果，探讨了组织学习的四个关键要素：管理学习经验的本质、组织内管理学习的共享和整合、学习的制度化以及组织学习与绩效的关系。Crossan 等（1999）在前期研究成果的基础上，提出了组织学习的 4I 动态模型，将组织学习描述为发生在个人、团体和组织三个层次上，通过直觉、解释、整合和制度化四个阶段进行的不断递进的过程。

该模型强调了组织学习的多层次性，描述了组织中潜在的学习行为，知识在不断反馈中的动态形成过程。该模型同样秉持了组织学习多层次、动态性的观点，但这个模型仍有不足之处，即忽视了组织外部、组织间学习的重要性，它强调个体心理层面潜在直觉学习的作用，对于显性知识的产生和传递过程却没有论述。

5. 于海波等（2004）的组织学习综合理论模型

于海波等（2004）基于组织学习的过程性以及普遍性，提出了组织学习的综合理论模型。该模型的提出遵循三个基本原则：首先，组织学习的存在具有广泛性，所有的组织都将学习视为生存之道，但不同组织间的学习有优劣之别。其次，组织学习离不开人和知识两个要素，无论是哪个层面的学习，个人始终是学习的主体，组织层面的学习也是由个人和团队的学习行为开始的，而团队也是由不同的个体组成的。此外，知识始终是组织学习的内容和对象，任何层面的学习都要以知识为载体。最后，组织学习更强调整体的学习能力和效果。组织学习与个体学习密切相连却有所不同，组织学习更强调所有个体员工以及团队学习的整体效果，更注重知识在组织内部的传递与互动。

组织学习综合理论模型不仅包括传统模型中的个体、团队、组织的学习层次，而且将组织间这一学习层次囊括进来，是对传统（Crossan et al.，1999）的组织学习动态 4I 模型的完善和发展。因此，该模型既强调了组织内部各层次的学习过程，又强调了组织间的学习互动。

（四）组织学习理论述评

组织学习理论作为一个多学科交叉的研究领域，从产生以来便受到广泛关注，根据以上文献的梳理现将组织学习理论的发展特点评述如下：一是组织学习是一个复杂动态的过程，组织学习的效果受组织文化、组织架构、组织氛围、领导风格等各种因素的影响；二是组织学习的目的是进行知识的创造，并通过知识的应用完成和实现组织的任务和创新目标；三是组织学习包括内部学习和外部学习，是组织主动适应环境变化的认知和行为，也是组织保持竞争力、生存和发展的源泉；四是组织学习理论研究呈现出多层次发展的趋势，研究的对象逐渐从组织拓展到个体、团队以及组织间的层面。

随着组织学习理论的深入探讨，认识到组织学习离不开个人、团队、组织同一层次间以及不同层次间的互动沟通，组织学习的开展和知识的创造、传播以及应用紧密相连，组织学习是一个不断循环往复的动态过程。组织学习的发展为双元学习理论的提出奠定了基础，组织学习理论引入双元性理论后，为双元性理论开辟了新的发展路径，也为本书的研究开展提供了重要理论支撑。

二、知识管理理论

(一) 知识的概念及分类

1. 知识的概念

知识是一个既复杂又抽象的概念。对于知识的界定，起源于哲学领域，知识的定义一直是认识论领域中哲学家们争论不休的问题，并且最终没有形成一致性的认知。在知识经济时代，对于任何组织来说，最重要的资产就是知识 (Daniel Palacios & Fernando José Garrigós, 2006)。知识被认为是当代制造业提升创新和竞争力的关键，它是组织的重要资产，使企业能够获得相对于竞争对手的持续竞争优势。同时，知识也是知识管理理论研究的主要概念之一，首先对知识的概念进行界定和梳理具有重要意义。由于本书的研究对象限定为企业中的相关问题，根据研究背景，下文关于知识的定义仅涉及管理学领域的文献论述。

由于知识和信息的关系密不可分，很多专家从这一来源角度进行切入，从静态资源的角度对知识的内涵进行了界定。关于知识最广为接受的定义之一是，知识是一种证明个人信念以获取真理的动态人力资源 (Nonaka, 1994)，知识和信息的内涵既有区别又有联系，信息是启动和形式化知识的必要媒介或材料，可以通过个体的处理和加工转化为知识。Lopez-Nicolas 和 Molina-Castillo（2008）将知识定义为与经验、语境、解释和反思相结合的信息，分为显性知识和隐性知识。Baba（2020）认为，知识是指对一门学科的理论或实践上的理解。Canonico 等（2020）和 Dew 等（2004）认为，知识是经由信息提炼出来的有价值的资源，而信息则来源于按照一定的程序和目的被分析整理的数据，数据、信息、知识之间有着持续不断螺旋变化的关系，不同的知识持有者对知识的反应以及投入度各有不同，这和个体判断以及对现实问题处理的能力相关。Soltani 和 Navimipour（2016）认为，知识是为创造、评估和使用信息提供框架的概念、技能、经验和愿景。由此可以说，知识的获取是一个复杂的个体进行认知处理的过程，信息是知识的最初形态，需要进一步的感知、提炼。

随着研究的深入，知识是一种资产的观点被批评过于狭隘和静态，因为它忽略了知识和学习是动态过程的观点，动态的、可持续发展的知识理念被学者们继续探讨。Majchrzak 等（2004）指出，对事物的发现、认识、学习、探索及应用的综合就是知识，知识可以被转移和再利用。该研究构建了知识被重用的六步法：①重新构思问题和创新方法；②做出检索可重用的计划；③搜索可供重用的想法；④对于可重用想法进行评估；⑤对可重用的想法进行深入分析并选择；⑥充分开发可重用的想法。Tywoniak（2007）将知识定义为，通过观念和事实之间的联系来降低环境不确定性的规则。知识被认为是一个通过行动验证的结构、一个融入个人经验的过程，一个嵌入社会和文化经验的系统。它表现出复杂系统的四个特征：一是对初始条件敏感，二是表现出多个反馈回路，三是非线性，四是递归对称。此外，在进化理论的基础上，确定了隐性知识、显性知识、个人知识和公共知识四个相互依存的变形维度，并讨论了它们之间的相互作用。Camison 和 Fores（2010）认为，由于知识的储存方式复杂且广泛，组织所拥有的知识不仅包括组织现有的内部知识，而且包括企业整合和重新配置的现有内部知识和新吸收的知识。以上文献从知识转移、知识吸收、面向创新的知识重用等动态转化角度对知识的内涵进行了挖掘，为知识管理以及知识创造理论的发展做出了贡献。

从上面的讨论中可以得出三个主要的观点：①学者们非常重视理解数据、信息和知识之间的差异，并从这些差异中得出含义；②由于知识是个性化的，为了使个人或群体的知识对他人有用，它必须以接收者能够理解的方式表达出来；③海量的信息几乎没有价值，只有那些通过反思、启迪或学习，在个人头脑中被积极处理的信息才是有用的。

2. 知识的分类

本书关于知识创造的量表主要是从创造新知识的能力角度考量和设计的，梳理知识的类型，有利于更加深入地了解知识的本质和来源，为知识创造变量的研究打下基础。

（1）个体知识、团队知识、组织知识。将知识分为个体知识、团队知识、组织知识三个类别，这是按照知识来源不同而进行的分类（王向阳等，2018），这一分类标准为组织学习在个体、团队以及组织层次的研究以及跨层次的研究提供了依据。个体知识可视为个人所拥有的想法、灵感、经验等认知以及专业技能知识的总和。个体知识往往是隐形的，不便于进行分享、储存和传播（Wang & Noe，2010）。团队层面的知识主要是由团队成员提供而进行共享的知识集合，团队层面的知识共享具有重要的意义和价值，个体知识只有转换到团队层面才能实现组织层面的转移和传播，这对于组织发展至关重要（Ajmal et al.，2010）。Liu 和 Liu（2008）认为，员工更倾向于在团队中积极获得知识并与团队成员分享知识，从而增强团队合作和协同效应。Alavi 和 Leidner（2001）指出，组织层面的知识通常是以显性知识的方式出现，如组织内部的规则条例、业务手册、计划方案、客户信息等，便于在组织内部进行快捷有效的传播。

组织知识不是为了取代个体知识，而是通过使其更强大、更连贯和更广泛地应用来补充个体知识。知识管理是一种深思熟虑的系统方法，以确保充分利用组织的知识库，以及个人技能、能力、思想、创新和想法，以创建一个更有效率和效力的组织。

（2）组织内部知识和外部知识。将知识以组织为边界进行划分，可以将知识分为组织内部知识和组织外部知识，这一知识分类标准成为组织内部学习和组织间学习的区分依据。Holsapple 等（2015）认为，存在于组织内部的战略规划、组织文化、流程规范、产品设计、员工的显性知识与隐性知识等方面的资源都可以被视为组织的内部知识；而存在于组织外部的客户、合作伙伴、竞争者所拥有的知识以及大量的社会资源均可被视为潜在的组织外部知识构成。随着信息化时代的到来，组织拥有更为便利的条件和渠道进行有效组织外部知识的收集和获取，组织间的跨地域合作与交流也变得更加便捷，组织间知识的互通互利也成为组织发展的重要来源（Pellegrini et al.，2019）。

（3）显性知识和隐性知识。从知识属性来看，可以将知识分为显性知识和隐性知识（Nonaka，1994）。Polanyi（1967）最早提出了显性知识和隐性知识的概念，这一分类标准对知识管理理论的研究发展影响深远。Nonaka 等（2000）对这一分类进行了整合和发展，并对显性知识和隐性知识进行了界定，认为显性知识是那些可以被明确的语言进行表达的类似公式、规范、手册等便于传播的知识，一般团队层面、组织层面的知识更多地属于显性知识的范畴；而相反地，那些个体所拥有的潜在的经验、感受、认知等一般属于隐性知识的范畴，隐性知识往往难以进行便捷的传播和分享。显性知识和隐性知识的比较如表2-2所示。

表 2-2 显性知识和隐性知识的比较

隐性知识	显性知识
适应能力，能够处理新的和特殊的情况	能够传播、复制、访问和重新应用在整个组织
专有技能，知道怎么做、知道为什么、关心为什么	能够传授，能够培训
合作能力，分享愿景，传播文化	有组织、系统化的能力；将愿景转化为使命宣言，转化为行动准则
通过一对一的、面对面的指导来传递经验知识	通过产品、服务和文档化的过程传递知识

资料来源：根据文献资料（Baba，2020；Canonico et al.，2020；Nonaka et al.，2000）中的内容整理。

Baba（2020）认为，隐性知识因存在于人们的头脑中而公众无法获得，因此，它很难正式化，甚至常常难以沟通。这种类型的知识可以在人的行为或行动中看到。显性知识可以很好地传播，可以在一些媒体上获得，如书籍、讲座等。因此，它是形式化的知识，随时可得。显性知识也可以分为"信息"（规范）和"过程"（工作说明）。王向阳等（2018）认为隐性知识是不可编码的知识，是企业主要竞争力的来源。Canonico 等（2020）认为，显性知识可以具体化，因此可以相对容易地进行交流、处理、传播和存储。而隐性知识仅为个体所知，很难转移到其他个体。它体现在行动、态度、承诺、情感和行为中，但很难通过语言传达。通常情况下，隐性知识越多，它就越有价值。矛盾之处在于，所要描述的知识越难以清晰表达，知识就越有价值。当人们提到"知识"和"专有技术"，或者"知道某事"和"知道如何做某事"时，就经常会出现这种情况。当个体理解并利用知识时，有价值的隐性知识往往会导致一些可观察行为的出现。也有观点认为，显性知识倾向于代表最终产品，而隐性知识是专有知识或生产最终产品所需的过程。

此外，Alavi 和 Leidner（2001）根据知识的用途或有用性提出了不同的分类。有些人将知识分为陈述性知识（通过了解而获得的知识）、程序性知识（知道如何做）、因果性知识（知道为什么）、条件性知识（知道何时做）和关系性知识（知道与谁一起做）。

从以上关于知识各种的分类分析可以发现，虽然分类的角度和研究的重点不同，但分类的基础大部分是二元论，即显性知识和隐性知识的划分。关于知识的划分标准体现了学者们研究知识管理的侧重角度。近年来，信息技术的飞速发展、大数据技术的广泛应用，引起理论界和实践界对外部知识的重视；与此同时，随着知识管理理论研究的深入推进，知识分类趋向于更为实用化。

（二）知识管理的内涵

知识管理是一个多学科交叉的研究领域，学者们从不同的角度给出了不同的定义。目前可供查询的知识管理的定义有 100 多个，Girard 和 Girard（2015）编制了一个非常全面的清单。现将有代表性的定义，按照不同的分类标准进行归纳总结，如表 2-3 所示。

表 2-3 知识管理含义界定汇总

视角	代表作者（年份）	含义
业务视角	Barclay 和 Murray（1997）	知识管理是将知识作为组织业务活动的重要组成，将其反映在组织各级的战略、政策和实践中，并在组织的知识资产和积极的商业结果之间建立直接联系
	Grey（1996）	知识管理是一种利用协作和整合的方法，用于创建、获取、组织、访问和使用企业的知识资产
智力或知识资产视角	Stankosky（2008）	知识管理是利用组织所拥有的知识资产，不断提高组织绩效的过程
	Lytras 等（2002）	知识管理是一种系统的、明确的对组织知识的管理应用，可帮助组织提高知识的有效利用从而获取回报
	Bain 和 Company（2011）	知识管理是开发获取和共享知识资产的系统和过程，它可增加有用的、可操作的和有意义的信息生成，并可增加个人知识和团队知识

续表

视角	代表作者（年份）	含义
系统或技术的视角	Patel 和 Harty（1998）	知识管理是将信息转化为可操作的知识，并以可用的形式毫不费力地提供给能够应用它的人
	Frappaolo（2006）	知识管理是充分利用整体智慧以提高组织的应对力和创新力
	Payne 和 Britton（2010）	知识管理是一种管理信息使用的系统方法，以便在正确的时间向正确的人群提供持续的知识流动，使他们在日常业务中做出有效和高效的决策
	Lank（1997）	知识管理是一种在组织中创建、增强和共享智力资本的能力
	Abell 和 Oxbrow（2001）	知识管理是一种环境的创造和随后的管理，这种环境鼓励为组织和客户的利益而创造、共享、学习、增强、组织和利用知识
	Gold 等（2001）	知识管理是一种监督信息的能力，例如收集关联的内部或外部信息，将它们转化为新的思想或方法，应用它们并保护它们
过程视角	Baba（2020）	知识管理是一个知识创造、知识获取、知识包装、知识应用、知识重用的过程
	Canonico 等（2020）	知识管理是对重要知识及其相关的创造、组织、传播、使用和开发过程的明确和系统的管理
	Christina Ling-hsing 和 Tung-Ching（2015）	知识管理可以被描述为一个捕获、存放、共享和利用信息的过程

资料来源：根据 Kimiz（2017）的相关内容进行整理。

知识管理最初被定义为在整个组织中应用系统方法来获取、组织、管理和传播知识的过程，方便组织成员更便捷地开展工作，并通过使用以往成功的工作经验而提高工作效率（Nonaka et al.，2000；Ruggles，1998）。一个完善的知识管理定义需要包括知识视角的获取和存储，以及知识资产的估值。对于知识管理的内涵界定尽管学术界尚未达成共识，但对于开展知识管理的组织目标存在广泛共识，Nickols（2000）将此总结为，知识管理的基本目标是利用知识为组织带来优势。知识管理的多学科性质是一把"双刃剑"：一方面，它是一种优势，因为几乎每个人都可以找到一个熟悉的基础来理解甚至实践知识；另一方面，知识管理的多样性也带来了一些边界方面的挑战，怀疑者认为知识管理不是也不能说它是一门独立的拥有独特知识体系可供借鉴的学科。

（三）知识管理理论的演进过程

1. 知识管理理论与组织学习理论

知识管理与组织学习无疑是两个相互独立的概念，但两者之间的"领土争端"却由来已久。Easterby-Smith 等（2000）认为，人们对组织学习的研究兴趣可以追溯到 20 世纪 50 年代末，而在"组织学习"这一术语存在几十年后，知识的重要性才因《创造知识的公司》一书的出版引起重视（Nona-ka & Takeuchi，1995）；并且第三届国际组织学习大会（The 3rd International Organizational Learning Conference）也将"知识管理"列入其八大主题之一。因此，从这一角度而言，知识管理理论应当是在组织学习理论的基础上发展起来的。

随着讨论的深入，Ruggles（1998）表示，缺乏对社会因素的关注可能会损害实施的有效性，认为组织学习的研究更偏向于社会方面，而知识管理则更偏重于技术方面。知识管理仍然由技术专家主导，多和信息技术相联系，使用经济学语言，而以人力资源为导向的学者主导组织学习（Easterby-Smith et al.，2000）。但是越来越多的学者认识到，这两个研究领域有着相似的潜在概念和研究问题。Serenko 和 Bontis（2013）认为，知识管理是一门新兴的学科，本质上是多学科交叉的，它的理论核心建立在包括信息技术、组织科学和认知科学等学科之上。从以上的论述中本书认为，知识管理理论是基于组织学习理论而产生的新兴研究领域，两者的研究相互影响、渗透却又有不同的侧重。

2. 知识管理理论的发展历史

虽然"知识管理"一词在 20 世纪 80 年代末开始流行，但事实上，知识管理作为一种技术已经存在了很长时间，比如图书馆管理员、哲学家、教师和作家等群体一直在使用许多相似或相同的技术。Drucker 被认为是 20 世纪 60 年代初第一个创造"知识工作者"一词的人（Drucker，1964）。Nonaka（1994）研究了知识是如何在组织内产生、使用和传播的，以及这如何有助于创新的传播。Grant（1996）提出了知识基础观（Knowledge-based View），认为企业是进行知识整合和创造的载体，这符合知识本身的特征，同时也迎合了企业发展的需要。知识基础观的提出，给组织不断创新提升组织绩效以新的启示，并对管理实践有深远的影响。

信息计算机时代的到来，意味着知识管理可以系统地、有目的地利用知识资产。技术使有价值的知识得以记忆，通过组织学习和企业记忆，也使有价值的知识得以发表，更广泛地传播给所有利益相关者。到 20 世纪 90 年代初，知识管理方面的书籍开始出现，知识管理领域的研究在 20 世纪 90 年代中期得到了蓬勃发展，许多大型的国际知识管理会议和联盟陆续出现。Boisot（1999）总结了其中一些具有里程碑意义的事件，例如，2003 年 1 月举行的第 24 届世界知识资本管理大会，将知识管理的发展推向了更高的水平，知识管理开始发展成为一个更成熟的学科，世界各地的众多大学都开始提供知识管理课程，相当多的商学院和图书馆也提供知识管理学位课程（Ragab & Arisha，2013）。当今世界，由于商业的全球化、技术进步的加快以及学习型组织发展趋势的要求，人们对知识管理的兴趣和应用需求不断增加，知识管理发挥着越来越重要的作用（Fteimi & Lehner，2013）。

（四）知识管理理论述评

知识管理理论的研究主要依托于信息技术的发展，围绕"知识"的产生、管理等环节展开，形成了业务视角、智力或知识资产视角、系统或技术的视角、过程视角等多个研究流派，呈现出多元发展的趋势。在本书中，知识创造作为知识管理理论发展过程中的一个重要变量，对知识管理理论的起源进行追溯、对概念进行梳理、对历史进行回顾，有利于深入理解知识创造的概念，也为理论模型的构建提供了依据。

三、双元性理论

（一）双元性理论的内涵

在组织发展中，组织管理的复杂性源于其要面临的各种冲突性选择，如短期利益与长远发展、创新与稳定、多元化与专业化等。20 世纪 70 年代，学者们就已开始探寻如何处理"两难境地"、化解生存和发展中的选择悖论。双元性理论源于组织进化理论，该理论认为组织必须具有既能适应渐进式变革又能适应突变式变革的能力，否则将会被淘汰。Duncan（1976）最早提出了双元性（Ambidexterity）的概念，用其来描述组织具有的这一特征，即组织可以通过构建二元结构来解决组织探索性创新和利用性创新之间的矛盾，这便形成了双元性研究的第一个范式即结构性双元的研究。

Tushman 和 Oreilly（1996）将二元性定义为同时追求渐进式和不连续式创新和改变的能力。传统理论视角下双元性的定义逐渐经历了从结构视角、情境视角、学习视角到能力视角转变的过程（凌鸿等，2010）。本书在此基础上采纳了张洁等（2015）的观点，将组织双元的视角分为分离和整合两种视角进行诠释。

1. 双元分离视角下的双元性内涵诠释

根据文献梳理可知，组织双元分离的视角可分为空间和时间两类。空间上的分离以结构双元性最有代表性，结构性双元将组织内部的单元分为探索性和利用性两个部分，允许组织同时进行探索性学习和利用性学习（Benner & Tushman，2003；O'Reilly & Tushman，2004；Tushman & Oreilly，

1996）。Fang 等（2010）利用模拟实验方法，提出了在组织中保持半孤立的子群体和改变个体之间的交互模式以获得开发和探索之间的平衡的有用性，认为将组织划分为子群体可能有助于组织探索多样化的解决方案，同时确保最佳的解决方案在整个组织推广，从而实现更好的长期学习结果。Lavie 等（2011）避开了企业在探索和利用单元之间建立组织分离或时间分离的方式，因为这些方法涉及资源分配的权衡，这可能会和组织惯例冲突进而损害组织绩效；他们寻求不同的离散领域来平衡探索和利用，即企业可在一个领域进行探索同时在另一个领域进行利用，领域分离方法为企业如何平衡探索和利用并从中获益提供了新的见解。也有的学者选择探索时间上的间断平衡，来寻求组织的长远战略规划与短期利益获得之间的矛盾解决方案（Burgelman，2002）。Choi 和 Lee（2015）则从组织中的团队层面入手，研究了不同的团队如何在既定的时间内完成对组织资源的合理分配，以一种更灵活的方式来实现利用和探索的平衡；探讨了组织资源分配的内在机制，并通过纵向仿真实验验证了所提出的逻辑机制的有效性；将开发定义为利用现有的知识和已知的解决方案来创造或丰富知识，探索从未知的知识和解决方案中发展出来的新的知识创造。

2. 双元整合视角下的双元性内涵诠释

组织双元整合视角注重从组织的整体效用考虑，试图构建全方位的双元能力，以文献中的情境双元性和能力双元性研究为代表。Kang 和 Snell（2009）所认为的情境双元性理论是将组织作为一个整体考量其双元性，其双元性的实现来自每个人的具体行动，因此它与企业人力资源的充分利用密不可分。该研究认为，双元学习源于智力资本的架构，它构成了人力、社会和组织资本的独特配置，揭示了如何将它们结合起来共同促进双元学习。Gibson 和 Birkinshaw（2004）将组织的情境双元性的能力定义为在业务单元水平上同时实现调整和适应性的能力。情境双元性的概念与传统的结构性双元性的概念有显著的不同：前者不是通过创造结构、任务或时间分离二元结构来实现的，而是通过建立一套过程或系统，使个人能够并鼓励他们自己做出判断，即如何在协调性和适应性的冲突需求之间分配他们的时间。Guttel等（2015）则认为，应当将组织的结构双元性和情境双元性进行整合来促进探索和利用的耦合。组织为了实现高阶平衡，需要将短期优化（利用性创新和有效程序）和长期更新（探索性创新和适应能力）结合起来，并且这种平衡依赖于组织结构和环境之间的相互作用，企业结构和企业的文化背景使这种整合成为可能。Yang等（2015）从情境理论出发，用实证研究的方法验证了组织内部创建集体主义文化有助于缓解组织学习中探索和利用之间的紧张关系，促进企业内部的双元创新。Brix（2019）探讨了一个自下而上的具体方法来构建情境双元性组织，结合"情境双元性"和"个体与组织能力建设"的研究，提出了一个"创新能力建设"的框架，以解决组织在探索与利用之间如何保持平衡的问题。

组织双元能力应当是一种动态能力的观点可被视为从整合视角对组织双元性进行的诠释。O'Reilly和Tushman（2013）认为从动态能力的视角来考虑双元性是更为合适的角度，组织的双元性应当是一种适应性能力，即组织所具有的在技术和市场成熟的情况下通过改进、利用现有资源而达到不断提升效率、节约成本的能力，以及在面对新技术开发和开拓新市场的竞争中所需要的灵活性、自主性和试验性的探索能力。特别是在新产品开发的过程中，组织的双元能力在平衡利用和探索活动中具有很高的战略价值（Huang & Li，2017）。此外，一些学者从矛盾的视角发现个人、团队和组织所拥有的认知框架，可在管理探索和利用的紧张关系以及培养双元性方面发挥重要作用（Smith & Tushman，2005）。Lin和McDonough（2014）用实证研究的方法证实了这一点，该研究发现由独立认知风格和反思认知风格组成的双元认知框架对战略业务单元内、外部学习有积极影响，并且通过内外部学习间接培养了创新双元性。

（二）双元性理论的发展演变

组织双元性研究在 20 世纪七八十年代并未引起广泛的关注，在 March（1991）将组织学习理论引入组织双元性研究后，激发出了该理论新的活力，开启了新的研究范式——双元学习。March 使用探索和利用来表达组织学习的两种方式，其中：探索性学习是对新事物的尝试，以增强长期竞争力和增加未来收益为目的；而利用性学习是组织对持有的技术、能力的改进和提升，以提高效率和增加当前收入为目的。既要有利用现有知识的能力，又要有开发探索新知识的能力，即组织要有克服二元悖论的双元能力。随着双元性理论的深入发展，其除了受组织进化理论和组织学习理论的影响，还和情境理论、领导理论、动态能力理论以及社会网络理论等进行了发展融合，逐渐形成研究多视角、实现路径多元化的趋势（凌鸿等，2010）。此外，还有学者从多角度融合的视角开发了多层次的双元能力（Guttel et al.，2015；Ouyang et al.，2020）。具体的发展路径和脉络如表 2-4 所示。

表 2-4　双元性理论发展渊源与实现路径

理论渊源	代表作者（年份）	研究视角	实现路径
组织进化理论	Tushman 和 Oreilly（1996） Benner 和 Tushman（2003） O'Reilly 和 Tushman（2004） Tushman 和 Oreilly（1996） Fang 等（2010）	组织结构视角	结构型 双元
组织学习理论	March（1991） Gupta 等（2006） Solís-Molina 等（2018）	组织学习视角	双元学习

理论渊源	代表作者（年份）	研究视角	实现路径
社会认知理论	Lin 和 McDonough（2014） Smith 和 Tushman（2005） Zhao 等（2020）	矛盾思维视角	领导型 双元认知能力
动态能力理论	O'Reilly 和 Tushman（2013）	能力视角	双元能力的整体性构建
情境理论	Kang 和 Snell（2009） Gibson 和 Birkinshaw（2004） Yang 等（2015）	行为视角	情境型双元能力
社会网络理论	Lavie 和 Rosenkopf（2006）	组织间视角	组织间的协调配合
多理论 融合	Brix（2019） Guttel 等（2015） Ouyang 等（2020） Simsek（2009）	整合视角	多层次的双元能力

资料来源：根据相关参考文献（凌鸿等，2010；O'Reilly & Tushman，2013；等等）进行整理。

（三）双元性理论的文献述评

首先，双元性理论在发展过程中，呈现出兼容并蓄的态势，从 March（1991）提出探索性学习和利用性学习两种学习方式以来，双元性理论引起了学术界的广泛关注，之后深受组织进化理论、组织学习理论、矛盾理论、社会认知理论、组织情境理论、社会网络理论等的影响，成为组织管理研究的新范式。随着研究的日益深入，对于双元性理论内涵的认知越来越全面，但不同学术背景的学者认知尚有很大的不同。尽管如此，学者们对于双元性特征的界定还是比较一致的，认为是探索和利用两个方面，大多数学者认同组织双元性应当是一种学习能力或创新能力。

其次，在文献梳理过程中发现，双元性理论的研究层次最初只在组织层面，主要探讨组织在生存和发展中如何解决探索和利用的问题；随着研究的深入，研究层面逐渐由组织层面拓展到个体层面、团队层面以及组织间，现代组织往往采用基于团队的结构，以更好地在高度竞争的环境中生存（Zhao et al.，2020）。团队是进行创造性活动的重要单元和起点，团队的创造力对组织整体创新能力的提升至关重要（Amabile，1995），因此，基于团队层面的研究具有重要意义。

再次，双元性理论研究繁荣的背后还应注意研究泛化的问题。一方面，双元性理论为组织管理以及其他相关领域的研究提供了一种新的视角，依托于双元性理论的认知范式也为重新探讨、解释相关变量找到了新的突破口。另一方面，我们还应当认识到双元性理论并非"万能公式"，研究的泛化容易背离初衷，建议研究还应该回归到 March（1991）最初提出的解决探索和利用的选择悖论上来，以解决组织生存和发展问题。

最后，双元性理论受组织学习理论的影响最为深远，本书将所研究的重点放在双元性理论和组织学习理论融合发展过程中的影响双元学习的相关因素上。双元学习的研究涉及多个层次，而团队被认为是现代组织中主要的学习和知识创造单元（Edmondson，2002），因此目前对于团队层面的双元学习的研究具有重要的意义。

第二节　相关变量的文献综述

一、双元学习的相关研究

随着技术的快速革新，市场环境瞬息变化，学习已成为组织生存发展的基石。探索性学习和利用性学习双元学习概念的提出（March，1991），为双元理论的发展开拓了新的研究方向，也为组织学习理论的研究提供了新的切入点。双元学习的研究始于组织层面，近年来，个体层面、团队层面的研究也日趋增多；随着社会网络、战略联盟的日益盛行，也出现了组织间的双元学习研究。

本书以"双元学习""探索性学习""利用性学习"为中文关键词在中国知网、万方、维普等平台上检索相关中文文献；以"ambidextrous learning""explorative learning""exploitative learning"为英文关键词，在 Web of Science、ProQuest Central、Scopus 等数据库中进行检索，通过 Baidu 学术等学术搜索引擎进行文献补充。为确保检索到的文章的权威性以及和本书研究的相关性，再次对文献进行了筛选，去除不相关领域的文献，排除和本书研究相关性不大的论文。另外，中文文献以近 5 年南大核心 CSSCI 数据库收录的为主，英文文献则以 SSCI 和 SCI 数据库收录的为主，共计选出符合条件的文献 105 篇，本书主要参考的文献有 65 篇。以下对双元学习相关研究的阐述主要以这些文献为依据，分别从双元学习的含义、测量和维度、研究的前因与结果变量出发进行分析整理。

（一）双元学习的含义

学术界普遍将探索性学习和利用性学习统称为双元学习，这一概念是双元性理论和组织学习理论相互融合的结果。March（1991）最早提出了关于探索性学习和利用性学习的含义。他认为，探索性学习是指那些可以用搜索、发现、试验等术语来表达的学习行为，其本质是对新知识、新事物的追求；而利用性学习是指可以用提炼、筛选、生产等术语来表征的学习行为，其实质是对现存事物的开发利用，对已有知识或能力的提升。尽管类型不同，但很多学者的研究都明确地接受了探索和开发都与学习和能力有关的观点（Baum et al.，2000；Benner & Tushman，2003；Gupta et al.，2006；He & Wong，2004；Jansen et al.，2016；Kostopoulos & Bozionelos，2011；李正锋、高蕾和张倩，

2019）。因此，对于双元学习含义的界定会因学者的研究领域不同而有所差异，但对双元学习分为探索性学习和利用性学习的认知基本一致。

Gupta 等（2006）认为，研究双元学习先要确定关注的层面，不同层面的研究其影响因素、影响结果会有所不同。学者们在不同分析层次上的研究会导致对探索性学习和利用性学习概念的解释不同，研究层次的选择限制了研究人员的研究重点，并产生了对双元学习结构的不同解释。目前，相关研究将探索性学习和利用性学习两种行为分为了个人、团队、组织、组织间和产业五个层次。探索性学习和利用性学习两种学习方式的研究虽源于组织层次，但同样适用于其他层次（Li et al.，2008）。现将相关文献按照个人、团队、组织三个层面分别对双元学习的含义界定情况进行整理，如表2-5所示。

表 2-5　不同层面上的双元学习含义界定

研究层次	代表学者（年份）	双元学习含义界定
个人层面	Gibson 和 Birkinshaw（2004）；Kang 和 Snell（2009）	组织成员通过探索性学习获得突破性的新知识或能力以实现行为惯例的改变，然后探寻新的产品设计、解决方案以及进行不断创新；利用性学习是通过使用、重组现有的知识和技能，实现组织短期内任务目标的完成
	Mom、Frans 和 Volberda（2007）	管理者的探索活动是在组织的产品、服务、市场等方面上寻求新的突破性成果，活动的开展基于对新技能和新知识的汲取；管理者的利用活动是对已有产品和服务的短期改进行为，基于现有知识和经验的不断积累
	李正锋等（2019）	双元学习能力是指既利用现有知识支持企业以改善客户体验，又需要探索创造新知识以维持企业长久发展
团队层面	Perretti 和 Negro（2007）	组织中重组旧的、重用现有的、利用先前的知识是利用；通过创新行为发掘新的知识是探索
	Jansen 等（2016）	团队可同时进行探索性学习和利用性学习，即团队成员在探索、实验和发展新知识和新技能的同时，对现有知识和技能进行提炼、重组和实施
	Kostopoulos 和 Bozionelos（2011）	团队探索性学习指的是帮助团队寻找、实验和开发新知识的活动；而团队利用性学习描述的是使团队精炼、重组和实践现有知识的活动

研究层次	代表学者（年份）	双元学习含义界定
团队层面	Wu 等（2017）	团队学习行为分为实验、外部沟通、内部沟通和团队反思四个方面，其中，实验和外部沟通为探索性学习，内部沟通和团队反思为利用性学习
组织层面	March（1991）	探索性学习包括搜索、变革、冒险、实验、发现和创新，而利用性学习是细化、生产、效率、选择、实施和执行
	De Noni 和 Apa（2015）	利用性学习取决于企业是否能够利用组织资源和能力开发内部知识；探索性学习依赖于通过关系资本和扩大国际网络来获取新知识的能力
	Lee、Wu 和 Liu（2013）	探索性学习的目标主要集中在吸收、整合和加工新知识上；利用性学习的目标主要是提炼和拓展现有的知识，并通过利用现有的能力在市场上获得稳定的地位
	Baum 等（2000）	利用指的是通过组织内部的检视、经验积累、现有规则的重用等而进行的学习行为；探索是通过适应变化、开展实验等研发历程而进行的学习行为
	Solís-Molina 等（2018）	探索包括搜索、变革、冒险、实验和创新等活动，这本质上是一个创造新知识、结构和程序的过程；利用包括细化、生产、效率、选择和执行等活动，它本质上是一个改进和集成现有知识、结构和程序的过程
	Gupta 等（2006）	探索是指学习和创新，即追求和获取新知识；利用是指使用过去、现有的知识

资料来源：笔者根据参考文献整理。

本书将研究的层次定位于团队层面，将双元学习含义界定为团队的探索性学习和团队利用性学习。团队探索性学习指的是帮助团队寻找、实验和开发新知识的活动；而团队利用性学习描述的是使团队精炼、重组和实现现有知识的活动。

（二）双元学习的维度

对检索到的文献进行梳理后发现，学者们对于双元学习的研究维度与层次见表2-6。在中文文献中，除了在翻译的过程中对"exploitative and exploratory learning"的中文表达有些许差异外，大多数学者认可"探索性学习"和"利用性学习"的翻译。无论哪个层面的研究，学者们大多认同利用和探索学习两个维度的划分，也有少部分的学者结合研究需要对双元学习的维度进行了拓展。

表 2-6　双元学习的研究维度与层次

代表作者（年份）	维度	层次	研究领域
Cao 等（2009）	双元平衡、双元交互	组织层面	组织学习
Wu 等（2017）	利用性学习：内部交流、反思 探索性学习：外部交流、实验	团队层面	组织学习
Zhao 等（2020）	团队探索性学习、团队利用性学习	团队层面	组织学习
Prieto-Pastor 等（2018）	探索性学习、利用性学习	组织层面	知识管理
Wang 和 Tarn（2018）	探索性学习、利用性学习	个体层面	知识管理
Kang 和 Kim（2019）	探索性工作、利用性工作、探索和利用的联合、探索和利用的分离	个体层面	组织学习
Duc 等（2020）	团队探索性学习、团队利用性学习	团队层面	双元性理论
Sumanarathna 等（2020）	探索性学习、利用性学习	组织层面	协作环境
Kostopoulos 和 Bozionelos（2011）	探索性学习、利用性学习	团队层面	组织学习
Li 等（2019）	团队探索性学习、团队利用性学习	团队层面	组织学习
de Noni 和 Apa（2015）	探索性学习、利用性学习	组织层面	组织绩效

续表

代表作者（年份）	维度	层次	研究领域
Huang 等（2020）	探索性学习、利用性学习、双元互动学习	组织层面	生态创新绩效
赵富强等（2020）	双元学习	个体层面	人力资源管理
季桓永和张静（2016）	探索式学习、利用式学习	组织层面	战略管理
奚雷、彭灿和李德强（2016）	探索性学习、利用性学习	组织层面	组织学习
王海花（2017）	探索式学习、利用式学习	组织层面	组织学习
弋亚群等（2018）	探索式学习、利用式学习、双元学习平衡	组织层面	组织学习
李正锋等（2019）	探索式学习能力、利用式学习能力	个体层面	创新行为
林陵娜等（2019）	开发性学习、开拓性学习	团队层面	项目管理
蒋丽芹和李思卉（2020）	探索式学习、利用式学习	组织层面	企业管理

资料来源：笔者根据参考文献整理。

Wu 等（2017）根据团队理论将团队看作一个封闭的系统，随着任务复杂性的提高，大多数团队无法拥有完成团队任务所需的全部资源，需要跨越团队边界，从外部获得必要的资源和支持。发生在团队内部的沟通行为属内部沟通，而发生在团队与外部环境之间的沟通行为属外部沟通。因此，该研究将团队学习行为分为实验、外部沟通、内部沟通和团队反思四个方面。将实验和外部沟通视为探索性学习，将内部沟通和团队反思视为利用性学习。Kang 和 Kim（2019）采用两级效应实证分析了探索式工作与利用式工作对工作绩效三个维度的影响关系。一级效应分析了工作利用比工作探索更能提高员工熟练程度，而工作探索则比工作开发更能提高员工的适应能力和积极性；

在二级效应上，分别验证了工作利用和工作探索的联合和分离对工作绩效三个维度的非线性影响。Cao 等（2009）提出将双元学习分为平衡和交互二维结构，验证了双元学习的两个维度与工作绩效正相关的关系，并指出平衡和交互两个维度的内涵、内在作用机理有所不同，除了它们的独立效应，高水平的平衡和交互会产生协同效益，平衡更有利于资源受限的企业，而交互更有利于获得更多内部和外部资源的企业。这些结果表明，在资源有限的情况下，管理人员可能会受益于管理利用和探索需求之间的权衡，对于有机会获得足够资源的公司而言，同时追求利用和探索是可能的和可取的。赵富强等（2020）则将双元学习作为一个变量，没有分维度，检验了双元学习作为中介变量，在多元包容性人力资源实践和个体创造力之间的中介效应。除此之外，还有学者从能力视角对双元学习的作用进行了探讨，将双元学习能力分为探索式学习能力和利用式学习能力两个维度，验证了研发人员的双元学习能力对创新行为的作用（李正锋等，2019）。

通过以上文献对双元学习变量层次、维度的划分分析，结合研究开展的实际，本书主要从团队层面入手，将双元学习分为探索性学习和利用性学习两个维度来进行研究，分别考察两个变量对团队创造力的影响作用。双元学习的平衡和联合两个维度的区分更适用于组织层面的研究，团队作为较小单元的研究学习对象，各项资源具有相对的局限性，已不便于进行平衡和联合维度的划分，因此双元平衡和联合的作用效果在本书的研究中不予探讨。

（三）双元学习的前因和结果变量

根据以上双元学习的含义和维度划分可知，双元学习行为可发生在个体、团队、组织以及组织间。在讨论探索性学习和利用性学习时，分析层次的不同会影响问题的分析过程以及结果（Gupta et al.，2006），例如，一名工程师可能会探索和试验一种生产产品的新方法，但其所在的组织可能会利用这种新的创新来获利。因此，一个人或组织可能认为是探索性和实验性的学习，另一个团队或个人可能认为是利用性的或渐进式的学习。与此同时，不同层次的研究为其他层次的研究提供了思考的新路径。为了更清晰地揭示影响双元学习的因素，下面将对实证研究的文献进行梳理。

通过文献梳理（见表2-7）可知，双元学习作为前因变量、中介变量、结果变量都有相关的文献支撑，将双元学习作为调节变量的文献则较为少见。双元学习的前因变量主要有双元平衡/联合、领导行为、社会资本、智力资本、心理安全、结构嵌入等；结果变量则主要包括组织绩效、工作绩效、团队绩效、团队创新、团队创造力、知识共享、新产品开发绩效等。在本书的模型结构中，双元学习将作为前因变量来考察其作用机理。

表2-7 双元学习的相关实证研究总结

代表作者（年份）	前因变量	中介变量	调节变量	结果变量
Cao 等（2009）	双元平衡、双元联合	无	组织规模、宽容的组织环境	组织绩效
Wu 等（2017）	授权型领导	利用性学习、探索性学习	无	团队创造力
Zhao 等（2020）	双元领导行为	团队双元学习	无	团队绩效
Prieto-Pastor 等（2018）	社会资本	知识整合	无	双元学习
Wang 和 Tarn（2018）	智力资本	双元学习	无	知识共享
Kang 和 Kim（2019）	探索性工作、利用性工作、探索利用的联合、探索利用的分离	无	无	工作绩效
Duc 等（2020）	开放型领导行为、封闭型领导行为、两种领导行为的交互作用	双元学习	无	团队创新
Sumanarathna 等（2020）	社会资本	协作环境	无	双元学习
Kostopoulos 和 Bozionelos（2011）	心理安全	双元学习	任务冲突	团队绩效

续表

代表作者（年份）	前因变量	中介变量	调节变量	结果变量
Li 等（2019）	团队促进焦点、团队预防焦点	双元学习	团队官僚情境	团队渐进创造力、团队激进创造力
De Noni 和 Apa（2015）	国际化程度	无	探索性学习、利用性学习	商业绩效
Huang 等（2020）	探索式学习、利用式学习、双元互动学习	无	高层领导环境意识	生态创新绩效
赵富强等（2020）	多元包容型人力实践	双元学习	魅力型领导	个体创造力
季桓永和张静（2016）	学习导向	双元学习	无	新产品竞争优势
奚雷等（2016）	双元学习	无	变革型领导风格	双元创新协同性
王海花（2017）	双元学习	无	技术复杂性	创新绩效、协同创新绩效
弋亚群等（2018）	技术能力、营销能力	无	探索式学习、利用式学习、双元学习平衡	新产品开发绩效
李正锋等（2019）	双元学习能力	无	控制机制	创新行为
林陵娜等（2019）	利他、信任、交流	关系冲突	无	双元学习
蒋丽芹和李思卉（2020）	结构嵌入	双元学习	吸收能力	突破性创新

资料来源：笔者根据参考文献整理。

（四）双元学习的研究述评

双元学习的研究主要分为五个层面，即个体、团队、组织、组织间以及产业层面。双元理论的研究最初始于组织层面，随着研究的深入，学者们逐渐关注到个体以及团队双元学习的重要性，特别是团队以其快速反应和创新能力在组织创新中发挥着越来越重要的作用（Wu et al.，2017）。团队的双元学习已成为大多数组织关注的焦点，近年来的研究有逐年增加的趋势。

近年来，越来越多的微观管理领域的学者开始关注团队层面的双元现象（Zhao et al.，2020）。双元性的实现路径有结构双元、时间分离双元、领导双元、情境双元等，但不是每一种实现路径都适合团队层面。团队是一个紧密的社会互动系统（Mathieu，Hollenbeck，van Knippenberg & Ilgen，2017），不太可能被分为两个独立的子单元（即探索单元和开发单元），因此团队层面不太适合采用独立二元结构来实现双元性。此外，由于团队是一个相对独立的工作单位，需要在日常运作中同时适应变化的环境并有效地完成日常任务（Jansen et al.，2016；Kostopoulos & Bozionelos，2011；Li et al.，2017），团队也不太可能采用时间分离的方法来解决双元性。因此，本书认为，与结构和时间方法相比，领导双元和情境双元对团队同时追求探索性和利用性目标的实现更可行；在本书中主要依据情境双元的路径来构建团队双元学习模型。

二、知识创造的相关研究

在知识经济时代，知识对于任何组织来说都是最重要的资产，新知识的创造是企业在动态环境中生存和竞争的关键，能够帮助企业获得持续的竞争优势，知识也已经成为促进经济增长和社会发展的首要因素（Daniel Palacios & Fernando JoséGarrigós，2006）。知识创造是知识管理的一个重要环节，对知识创造过程的重视程度将决定企业能否利用好知识这一宝贵资产（Tsai & Li，2007）。Canonico 等（2020）认为，知识管理是对重要知识及其相关的创造、组织、传播、使用和开发过程的明确和系统的管理；同样地，Baba（2020）也认为，知识管理是一个知识加工传递的过程，包括知识创造、知识获得、知识包装、知识应用或知识重用等。而研究、学习、改进和获取新知识是开发性学习和探索性学习的核心（Gupta et al.，2006）。

从上文知识的分类中可知，按照知识的来源不同，知识可分为个体、团队、组织三个层面，而知识创造理论也深受知识属性特征的影响。按照知识的来源层次的划分标准，研究者们将知识创造也分为个体、团队、组织三个层面，本书是从团队层面着手，探讨知识创造的重要作用。强调个体在知识创造中重要作用的学者认为，个体的头脑是学习发生的源泉，组织层面的学习需要通过个体的学习来实现，组织应充分激发现有成员的积极性，或者通过引进新的成员来实现新知识的产生（Simon，1991）。Grant（1996）同样强调了个体在知识创造中的作用，提出了知识创造行为是在个体活动中产生的观点，而企业将成员的创造成果进行实践运用。他还强调了个人在创造和储存知识方面的作用，摒弃了组织知识的概念。而持知识创造需要多层次间相互转化观点的学者则有不同的意见。Nonaka（1994）提出了一个管理组织知识创造动态过程的范例，它的中心是组织知识是通过隐性知识和显性知识之间的持续转换来创造的。虽然新知识是由个人开发的，但组织在阐明和扩大这些知识方面发挥着关键作用。Suorsa（2015，2017）认为，企业内部员工之间的沟通与交流实现了知识创造，因为在沟通中实现了互相学习。Maier 和Schmidt（2015）认为，组织不断进行知识创造主要源于外部环境的复杂多变，组织外部更多的异质性知识的获取可以增强组织的创新能力，在信息化时代，组织间知识的获取越来越关键。由此可见，知识创造经历了一个"个体—团队—组织—组织间"循环往复的过程。

本书以"知识创造""知识创造能力""知识创造过程"为中文关键词在中国知网等平台上检索相关中文文献；以"knowledge creation""knowledge creation process""knowledge creation capability"等为英文关键词在 Web of Science、ProQuest Central 等数据库中进行检索，并通过 Baidu 学术等搜索引擎进行文献补充。为确保检索到的文章的权威性以及和本书研究的相关性，再次对文献进行了筛选，去除不相关领域内的文献，排除和本书研究相关性不大的论文。另外，中文文献以近五年南大核心 CSSCI 数据库收录的为主，英文文献则主要以 SSCI 和 SCI 数据库收录的为主，最终确定和知识创造相关的中英文文献有 92 篇，本书主要参考的文献有 58 篇。以下对知识创造相关研究的阐述主要以这些文献为依据，分别从知识创造的含义、测量和维度、研究的前因与结果变量出发进行分析整理。

（一）知识创造的含义

许多有关知识创造的理论和实证研究都是从知识的概念化发展起来的，并没有单独定义知识创造，因此，知识创造的含义界定和知识的来源、特性紧密相连，包含知识创造定义的研究显示了其广泛的概念覆盖范围。通过文献梳理发现，对"知识创造"概念的界定分为三种情况，现总结如下：

1. 过程论

这是一种大部分学者都认可的主流界定方法，知识创造理论的创立者（Nonaka，1994）认为组织知识创造可以被视为一个向上的螺旋式过程，是一个从个人层面向集体（集团）层面，然后向组织层面，有时甚至向组织间层面延伸的过程。持有过程论观点的学者认为知识创造是一个新知识产生、发展、实施和利用的过程（Nonaka，1994；Nonaka et al.，2000；Mitchell & Boyle，2010；Smith et al.，2005；Wang & Noe，2010），知识创造是指为产生新想法或对象而采取的主动行为和活动（Mitchell & Boyle，2010）。这种对知识创造的认知更偏向于将知识创造认为是输出知识的方法和手段。

2. 结果论

持有这种理论观点的学者将知识创造作为一种产出，根据知识创造过程的直接产物来进行界定。作为结果的知识创造意味着新知识作为新产品、服务和系统被传播、采用和嵌入（Canonico et al.，2020；Liao & Phan，2016；Popadiuk & Choo，2006；汤超颖、丁雪辰，2015；张鹏程、李铭泽、刘文兴和彭坚，2016）。采用此种含义界定的实证研究，在对知识创造进行测量时多用发明专利、学术文章等实际的产出来进行衡量，因此将知识创造作为一种输出结果，是根据增值对象定义的。

3. 能力论

持能力论观点的学者把知识创造看作一种创造新知识的能力（Kostopoulos & Bozionelos，2011；Chung et al.，2019；陈家昌、赵澄谋，2016；罗瑾琏、花常花和钟竞，2015；赵炎、王嘉惠和胡天骄，2021），或者和创新能力、更新能力类似的能力。现对学者们对知识创造的含义界定总结如下，见表2-8。

表2-8　知识创造含义汇总

代表学者（年份）	知识创造含义界定
Nonaka（1994）	组织知识创造是指在组织层面上对个人创造的隐性知识进行扩大转化，并将个人知识具体化为组织知识的过程
Nonaka 等（2000）	组织知识创造是一个持续的、超越自我的过程，通过获得新的环境、新的世界观、新的知识，超越旧的自我，进入新的自我
Smith 等（2005）	知识创造是指通过专利发明、经验分享、培训学习等方式发现新知识、产生新知识的过程
Popadiuk 和 Choo（2006）	分享精神的、情感的和积极的知识，以使结果产生聚合的价值
Mitchell 和 Boyle（2010）	知识创造是指新想法的产生、发展、实施和利用
Wang 和 Noe（2010）	内部知识创造指基于共同的组织目标，以组织已有的知识为依托，根据成员专长、团队特点，对现有知识进行开发、整合、重新配置的过程
Kostopoulos 和 Bozionelos（2011）	探索是指新知识的创造，而开发是指团队对现有知识的利用和处理
Barker（2015）	以共同的组织目标为动力，将组织中的行为进行有序规范并促进知识创新实现的过程，叫作知识创造
Choi 和 Lee（2015）	团队内部的知识创造是通过开发和探索产生的。每一个开发和探索过程都有自己独特的知识创造过程，涉及利用团队提供的可用资源
Christina Ling-hsing 和 Tung-Ching（2015）	知识创造是指组织不断地将隐性和显性知识，通过组织内外整合以及个人能动性的发挥，进行提炼、应用，以实现新旧知识的持续更替
Suorsa（2015，2017）	企业内部员工之间的沟通与交流实现了知识创造，因为在沟通和交流中实现了学习共享

代表学者（年份）	知识创造含义界定
Chung 等（2019）	企业通过处理其已经拥有的信息和知识而形成新知识的能力
Canonico 等（2020）	知识是通过人与人、解决问题的行动和任务之间的相互作用而创造出来的
陈家昌和赵澄谋（2016）	知识创造是研发团队利用现有科学现象、效应的知识，研究开发具有特定功能的人工制品的探索性过程及其产出

资料来源：笔者根据参考文献整理。

目前，对于知识创造的含义主要是从以上的过程、结果、能力等视角进行界定的，在本书中探讨的是团队层面的学习行为对知识创造的影响，因此对知识创造的界定偏向于能力论。团队知识创造是指团队以积极的交流沟通为基础，通过利用性学习和探索性学习进行新知识产生、发展和利用的能力。

（二）知识创造的维度

通过文献研究发现，目前，学者们对知识创造变量维度的研究开发分为以下几种情况：

一是将知识创造视为一个过程，这种维度划分方法深受 Nonaka（1994）知识创造动态模型理论的影响。Nonaka 最早提出了一个管理组织知识创造过程动态方面的范例，他的理论主要围绕隐性知识和显性知识间的螺旋式转化而展开，将转化过程中的现象细分为四个过程，这也是首次对知识创造的构成维度进行了"四分法"的研究分析，即将知识创造过程分为社会化、外部化、组合化、内部化四个维度。之后的学者们以四个维度的划分方法为依托，通过知识四个维度或者选取其中的几个与研究相关的维度进行了实证研究（Akhavan et al., 2012；Kao & Wu, 2016；Muthuveloo, Shanmugam & Teoh, 2017；Tsai & Li, 2007；Zhao et al., 2016），并对知识创造的动态模型理论进行了发展完善，取得了丰硕成果。也有学者将知识创造按照知识的产生轨迹分为识别、取得、实施和实际应用四个维度开展研究（Matusik & Heeley，2005）。Smith 等（2005）则将知识创造分为知识交换和知识融合两个维度。

二是将知识创造视为输出结果，这种维度划分方法是根据知识的分类方法对知识创造进行划分的。Nonaka（1994）根据知识的属性将知识创造分为隐性知识创造、显性知识创造。Kaba 和 Ramaiah（2017）认为，组织中的知识创造，应包括组织知识创造、技术知识创造、产品知识创造三个维度，这样的区分可以检验哪种类型的知识创造对于组织的发展最有实际的意义和价值。Chandrasekaran 和 Linderman（2015）认为，知识创造应分为客观知识创造和直觉知识创造两个维度。团队多样性正向影响客观知识创造；而心理安全则影响直觉知识创造，团队多样性对直觉知识的创造产生了负面影响。

三是以知识创造主体的不同对知识创造的维度进行划分。强调知识创造主体为个人层面的学者，直接在个人维度对知识创造的行为进行了研究（Christina Ling-hsing & Tung-Ching，2015；Grant，1996；Simon，1991）。随着团队作为组织的基本单元发挥着越来越重要的作用，很多学者则从团队维度对知识创造变量的作用进行了探究（Brix，2017；Cauwelier et al.，2019；陈家昌、赵澄谋，2016；汤超颖、丁雪辰，2015；张鹏程等，2016；赵炎等，2021）。随着研究的深入，学者们发现知识创造的完成需要多层次的转换和协助，个人是知识创造的起点，但知识只有经过团队层面到组织层面的转换提升才能真正地实现最终的价值（Arikan，2009；Brix，2017）。随着网络的日益发展，组织在网络中的位置对于组织的知识创造活动影响逐渐显著（Kao & Wu，2016；Liao & Phan，2016；张鹏程等，2016），组织间的知识创造维度正在成为新的研究趋势（Su et al.，2016）。

从以上梳理可以发现，现有研究对知识创造维度的划分既有多维度的也有单维度的，如表2-9所示。多维度的划分多体现在将知识创造视为一个过程或者结果的情况，单维度的划分方法多体现在将知识创造视为一种能力或行为的情况。本书从团队层面出发主要探讨团队知识创造在团队学习和团队创造力之间的中介效应，因此主要考量的是团队知识创造作为一种行为或能力的意义，不再对知识创造进行维度划分。

表2-9　知识创造的研究维度

代表作者（年份）	维度	层次	研究领域
Nonaka（1994）	隐性知识创造、显性知识创造	组织层面	知识管理
Tsai 和 Li（2007）	社会化、外部化、组合化、内部化	组织层面	战略管理
Arikan（2009）	个人层面、团队层面、组织层面	多层次	知识管理
Akhavan 等（2012）	社会化、外部化、组合化、内在化	组织层面	知识管理
Chandrasekaran 和 Linderman（2015）	客观性知识创造、主观性知识创造	团队层面	知识管理
Christina Ling-hsing 和 Tung-Ching（2015）	个人知识创造	个人层面	知识管理
Kao 和 Wu（2016）	社会化、外部化、组合化、内部化	组织层面	创新绩效
Zhao 等（2016）	知识外部化、知识组合化	组织层面	创新管理
Su 等（2016）	跨境的知识创造、境内的知识创造	组织间层面	创新管理
Brix（2017）	个人知识创造、团队知识创造	多层次	组织学习知识创造
Muthuveloo 等（2017）	知识社会化、知识外部化、知识融合化、知识内部化	组织层面	组织绩效
Kaba 和 Ramaiah（2017）	组织知识创造、技术知识创造、产品知识创造	组织层面	知识管理
陈家昌、赵澄谋（2016）	团队层面知识创造	团队层面	知识管理

资料来源：笔者根据参考文献整理。

（三）知识创造的前因和结果变量

关于知识创造的文献研究近年来有逐年增加的趋势，现对以问卷调查方法进行的实证研究进行了总结，并按照与知识创造相关的前因变量、中介变量、调节变量、结果变量进行了分类分析（见表 2-10）。分析后发现，知识创造既可以作为前因变量，也可以作为中介变量和结果变量，以后两种情形最为常见，目前还未发现其作为调节变量的情况。常见的知识创造的前因变量主要有组织结构、企业战略、组织氛围、组织文化、知识吸收、现有知识、知识共享、双元学习、知识创造模式、社会资本、社会网络模式、网络中心性等；中介变量主要有知识获取源、团队学习行为、期望、团队认知冲突、合作模式；结果变量则主要涉及创新绩效、团队创新、双元创新、商业模式创新、引进新产品或服务数量、创造力、员工持续意向、知识集成等。在本书的研究中，知识创造以中介变量的形式存在，探讨知识创造在团队学习和团队创造力中的重要作用。

表 2-10　知识创造的部分相关实证研究总结

代表作者（年份）	前因变量	中介变量	调节变量	结果变量
Matusik 和 Heeley（2005）	知识吸收能力	无	无	知识创造活动、企业私有知识
Smith 等（2005）	现有知识、自我网络、组织氛围	知识创造能力	无	引进新产品或服务数量
Tsai 和 Li（2007）	新创企业战略	知识创造过程	无	新创企业绩效
Akhavan 等（2012）	知识共享	无	无	知识创造
Choi 和 Lee（2015）	双元学习	知识创造	无	创造力
Khedhaouria 和 Jamal（2015）	学习导向	知识获取源	无	知识创造、知识重用
Kao 和 Wu（2016）	知识创造模式、社会网络模式	知识创造过程	无	创新绩效
Liao 和 Phan（2016）	网络位置	无	知识处理能力	知识创造
Christina Ling-hsing 和 Tung-Ching（2015）	组织文化	无	无	知识创造、知识储存、知识转移、知识应用

代表作者（年份）	前因变量	中介变量	调节变量	结果变量
Su 等（2016）	知识共同创造	无	无	创新绩效
Zhao 等（2016）	社会资本	知识创造过程	无	员工持续意向
Cauwelier 等（2019）	团队心理安全	团队学习行为	无	团队知识创造
Stojanovic-Aleksic，Nielsen 和 Boskovic（2019）	组织结构、组织文化	无	无	知识创造、知识共享
Goswami 和 Agrawal（2019）	共享目标	期望	无	知识创造、知识共享
罗瑾琏等（2015）	悖论式领导	知识创造、知识整合	环境动态性	团队创新
汤超颖和丁雪辰（2015）	研发团队知识基础	无	结构洞水平、合作网络水平	研发团队、知识创造
陈家昌和赵澄谋（2016）	团队知识创造	团队认知冲突	无	知识集成
张鹏程等（2016）	网络中心性	无	网络密度、关系强度	团队知识创造
吕冲冲、杨建君和张峰（2017）	关系强度	合作模式	环境不确定性	知识创造
刘和东和徐亚（2019）	知识共享	无	无	知识创造
项益鸣、杨瑞萍和朱珊（2019）	TMT 异质性	知识创造	无	商业模式创新
朱娜娜和徐奕红（2020）	TMT 网络特征	知识创造	企业性质、制度环境	双元创新
赵炎等（2021）	团队内部联结强度、团队外部联结强度	知识创造	认知冲突、情感冲突	创新绩效

资料来源：笔者根据参考文献整理。

（四）知识创造的研究述评

通过以上对知识创造的含义、研究维度以及相关影响变量的分析发现，对于知识创造的研究，第一阶段侧重于知识创造的结果研究，以基础性的理论阐述为主；在第二阶段，对于知识管理的研究侧重于对知识创造过程的研究，在这个时期，Nonaka 的动态知识创造模型的出现标志着对知识创造理论的研究进入了新的发展阶段。20 世纪 90 年代末，对知识创造的研究重点转向了知识创造的来源和影响其作用的相关条件，更多的实证研究开始出现，逐渐将组织氛围、领导特征、网络水平等相关变量引入，进一步验证了理论构建的合理性，促进了知识管理理论的丰富和发展（Jakubik，2008）。但相关研究仍有不足之处，亟待学者们展开更深入的相关研究。

首先，对于知识创造的内涵界定有待进一步探讨。知识创造作为知识管理活动的一个重要阶段，对其内涵的拓展和准确定位，对于知识管理理论的发展至关重要，而目前的含义界定无论是从过程角度、结果角度还是从能力行为角度都不能全面地反映知识创造的全貌，需要对其有更全面的研究后给出更准确的界定。本书给出的团队知识创造的概念是指团队以积极的交流沟通为基础，通过利用性学习和探索性学习促使新思想产生、发展和利用的能力。

其次，组织学习在知识创造过程中的作用有待于深入拓展研究。知识与学习是一个传统的组织管理研究的话题，组织学习理论和知识管理理论的融合发展为学者们开展相关研究开拓了新的"疆土"，两个理论在融合发展中产生了丰富的研究成果。但在文献梳理时发现，目前，研究学习方式（模式）对知识创造的影响的文献却相对较少，随着社会的发展进步，不同的学习方式（模式）对知识创造有不同的影响，好的学习方式（模式）可以大大提升学习效果，有利于知识创造的产生利用，因此，进一步探讨学习方式（模式）对知识创造的影响作用，不仅有利于组织的生存发展，而且对组织学习理论和知识管理理论的完善大有裨益。

三、团队创造力的相关研究

关于创造力的研究由来已久，将它作为一种组织行为科学进行研究始于

20 世纪 50 年代，但到 90 年代才逐渐引起组织管理研究领域学者们的关注。对于创造力的研究主要围绕个体层面、团队层面、组织层面以及跨层次等维度展开，每个层面的创造力均涉及不同的内涵与影响因素。随着外部环境竞争的加剧，许多组织采用基于团队的结构，以更好地在高度竞争的环境中生存，团队作为组织的基本单元的重要性日益凸显（Edmondson，2002；Zhao et al.，2020；郭安苹、叶春明，2018）。团队组建的目的一般是推进某种任务、项目的开展，便于横向交流和沟通的结构设计是为了实现更好的增益效果，以团队为单位的学习更有利于促进开展知识探索和知识创造，产生高水平的团队知识创造。本书将团队创造力作为研究对象，根据文献梳理对团队创造力的含义、研究维度划分及影响因素进行总结。

本书以"team creativity""group creativity"为关键词在 Web of Science、ProQuest Central、Scopus 等数据库中进行文献检索。为确保检索到的文章的权威性以及和本书研究的相关性，本书以 SSCI 和 SCI 数据库收录文献为主，再次对文献进行了筛选，共选出符合条件的文献 101 篇，本书主要参考了 59 篇。以"团队创造力"为关键词在中国知网中检索南大核心 CSSCI 数据库中的文章，共计检索到实证研究的文章 136 篇，本书主要参考、总结了近五年的 72 篇实证研究相关文献。在中国知网 CSSCI 数据库中检索到的最早的一篇关于团队创造力的实证研究出现在 2008 年，说明国内对团队创造力的研究起步较晚，但近五年的文献量占了总文献量的近一半，说明近年来关于团队创造力的研究呈迅猛发展的趋势。

（一）团队创造力的含义

目前，随着对团队创造力研究的深入，认为团队创造力是个体创造力的简单相加的认知已经被摒弃。团队层面的创造力有着区别于个体层面、组织层面的特征与影响因素（Woodman et al.，1993）。因此，对团队创造力的内涵进行准确定位与剖析，有利于确定正确的研究视角，对在实证研究中变量的含义界定具有更重要的意义，因为这会影响到测量工具的选择与结果的验证（张钢、李慧慧，2020）。在实证研究中，对团队创造力含义的界定仍未有定论，现对代表性的观点进行总结，如表 2-11 所示。

表 2-11　团队创造力含义总结

代表学者（年份）	含义界定
Amabile（1995）；Amabile 等（1996）	在任何领域产生新颖和有用的想法
Paulus（2000）	基于观点、思想和信息的合作交换而产生的新颖和有用的想法
Farh 等（2010）；Shin 和 Zhou（2007）	团队成员共同协作而产生的有关产品、服务、流程和程序的新颖和有用的想法
Jing-Lih 等（2011）	团队产生新的和有用的想法
Hoever 等（2012）	一群人共同提出的新颖和实用的最终想法，以及对于初始想法的产生和改进后而获得的最终创造性结果
Im 等（2013）	创造力是产品创新团队中的个人进行的创造性过程所产生的输出结果
Anderson 等（2014）	工作中的创造力是尝试开发和引入新的和改进的做事方式的过程、结果和产品等
Baer 等（2014）	团队创造力是团队既新颖又可能有用的想法
Carmeli 和 Paulus（2015）	团队成员共同参与新想法的开发、发现以及寻找新解决方案的过程
Hughes 等（2018）	工作创造力涉及试图产生新想法时应用的认知和行为过程
Rosing 等（2018）	团队创造力指的是新想法的产生、评估和选择
Aggarwal 和 Woolley（2019）	团队合作产生有关产品、服务或程序的新颖而有用的想法，要求团队学会创新思路，开发出更多元化的新事物
韵江等（2015）	团队在整合内部成员个体创造力、发挥协同效应的过程中，所表现出来的一种团队整体特征

资料来源：笔者根据参考文献整理。

对于团队创造力概念的研究视角普遍的归类方法有结果论与过程论两种。强调结果的学者认为，团队创造力是利用团队成员的共同协作过程，不断将团队持有的资源转化为创造性的产品、服务、流程和程序的新颖和有用的想法（Aggarwal & Woolley，2019；Amabile，1995；Amabile et al.，1996；Anderson et al.，2014；Baer et al.，2014；Farh et al.，2010；Hoever et al.，2012；Im et al.，2013；Shin & Zhou，2007；Zhou & Shalley，2011）。目前，强调结果论的概念界定是一种较为普遍的认知。持过程论观点的学者则把团队创造力视为创造性解决问题的过程（Carmeli & Paulus，2015；Hughes et al.，2018；韵江等，2015）。Montag 等（2012）将团队创造力分为问题识别、信息收集、创意生成、想法评价四个阶段；Rosing 等（2018）则把团队创造力分为问题产生、问题选择、想法评估三个阶段。

从以上分析可以看出，组织中关于创造力的研究有别于将个人创造力视为一种能力的研究，它更强调的是新颖、实用的想法产出结果或过程。本书的研究探索的是团队学习对团队创造力的影响结果，因此将团队创造力视为一种创造性的结果。本书对团队创造力的定义为：团队成员通过团队内部学习和交流将知识转化为有关产品、服务、流程和程序的新颖和有用的想法。

（二）团队创造力的维度

通过文献整理发现，大部分学者都将团队创造力作为单维度的变量进行研究（Carmeli & Paulus，2015；Hoever et al.，2018；Shin & Zhou，2007；Shin，2014；Wu et al.，2017），也有少量学者因研究需要将团队创造力分为多维度进行研究。Amabile 等（1996）将团队创造力分为想法的新颖性、想法的重要性和想法的有用性三个维度；Im 等（2013）则将团队创造力分为新颖性和有用性两个维度。而有的学者则从概念的深入理解和实践经验出发，将团队创造力分为激进性创造力（Radical Creativity）和渐进性创造力（Incremental Creativity）两种类型（Gilson & Madjar，2011；Li et al.，2019；Madjar et al.，2011）。Gilson 和 Madjar（2011）将渐进性创造力定义为与现有实践和备选方案有很大不同的想法，将激进性创造力定义为新的和突破性的框架或流程。团队创造力的维度汇总如表2-12所示。

表 2-12　团队创造力维度总结

代表作者（年份）	维度	研究领域
Amabile 等（1996）	新颖性、重要性、有用性	组织创新
Gilson 和 Madjar（2011）	激进的团队创造力、渐进的团队创造力	创新驱动
Madjar 等（2011）	激进的团队创造力、渐进的团队创造力	团队创造力
Im 等（2013）	新颖性、有用性	创新绩效
Li 等（2019）	激进的团队创造力、渐进的团队创造力	团队管理

资料来源：笔者根据参考文献整理。

目前，对于团队创造力维度的开发研究仍不成熟，这和对团队创造力前因变量的不断研究相关，但结果论和过程论仍是两个重要的研究趋势。本书的研究重点是探究团队双元学习机制的实施对团队知识创造能力的贡献以及是否最终达到团队创造力提升的结果。本书把团队创造力作为一个整体结果进行考查，不再进行维度的拆分。

（三）团队创造力的前因和结果变量

通过文献梳理发现，近五年来，团队创造力的相关文献呈快速增长趋势，表2-13对团队创造力部分相关文献涉及的变量情况进行了归类总结。

表 2-13　团队创造力部分相关文献前因变量与结果变量总结

代表作者（年份）	前因变量	中介变量	调节变量	结果变量
Shin 和 Zhou（2007）	教育专业化异质性	团队创新效能感	变革型领导	团队创造力
Farh 等（2010）	任务冲突	无	项目团队生命周期	团队创造力
Zhang 等（2011）	变革型领导、威权型领导	知识共享、团队效能	无	团队创造力

续表

代表作者（年份）	前因变量	中介变量	调节变量	结果变量
Hoever 等（2012）	视角多元化	信息细化	视角选择	团队创造力
Baer 等（2014）	团队间竞争	无	团队性别构成	团队创造力
Carmeli、Dutton 和 Hardin（2015）	尊重承诺	关系信息处理	无	个体创造力、团队创造力
Carmeli 和 Paulus（2015）	观念促进型领导	团队知识共享	无	团队创造力
Li 等（2017）	团队文化多样性	团队信息共享、个人信息细化	包容型团队氛围	团队创造力、个人创造力
Wu 等（2017）	授权型领导	双元学习	无	团队创造力
Hoever 等（2018）	反馈、信息多样化	信息精化团队成员加工	无	团队创造力
Rosing 等（2018）	团队创造力、执行水平	无	无	团队创新
Aggarwal 和 Woolley（2019）	认知风格多样性	团队交互记忆系统	无	团队创造力
Li 等（2019）	团队促进焦点、团队预防焦点	双元学习	团队官僚情境	团队创造力
韵江等（2015）	双元学习	团队创造力	无	团队绩效
张琳琳等（2016）	主动型人格	工作重塑	团队创造力	知识共享
赵莉、罗瑾琏、钟竞和管建世（2017）	双元领导	无	团队差序氛围、团队信任	团队创造力
郝向举、王渊、王进富和薛琳（2018）	临时团队情绪智力	快速信任、创新文化、知识转移	快速信任、创新文化	团队创造力
刘泽双和杜若璇（2018）	知识异质性	知识整合能力	环境不确定性	团队创造力
赵红丹和刘微微（2018）	教练型领导	双元学习	团队学习目标导向	团队创造力
戴万亮、杨皎平和李庆满（2019）	内部社会资本	双元学习	知识异质性	团队创造力
臧维、赵联东、徐磊和姚亚男（2019）	知识跨界行为	知识整合能力	知识异质性	团队创造力

续表

代表作者（年份）	前因变量	中介变量	调节变量	结果变量
孙金花、庄万霞和胡健（2020）	隐性知识异质性	团队沟通、认知冲突	知识重构	知识型团队创造力
余义勇和杨忠（2020）	团队领导跨界行为	团队信息阐释	团队氛围	团队创造力
陈慧、梁巧转和丰超（2021）	包容型领导	团队心理资本、团队建言行为	团队任务不确定性	团队创造力
耿紫珍、马千和丁琳（2021）	家长式领导	团队建言	团队传统性	团队创造力
李全、畲卓霖和杨百寅（2021）	工作狂领导	团队心理脱离、团队边界跨越行为	团队工作自主性	团队创造力
卫武、王怡宇、赵鹤和张琴（2021）	团队时间领导	团队信息交换	团队多元时间观	团队创造力
杨红、彭灿、李瑞雪、杨晓娜和吕潮林（2021）	变革型领导	知识共享	团队成员异质性	团队创造力
张新星和刘新梅（2021）	信息型子团队均衡	建设性争辩	团队亲社会动机	团队创造力

资料来源：笔者根据参考文献整理。

团队创造力的结果变量往往和团队创新和团队绩效相关（Rosing et al.，2018；韵江等，2015）。少量的文献证明团队创造力可以作为中介变量和调节变量（韵江等，2015；张琳琳、蔡颖和周宁，2016），在大部分情况下团队创造力是作为结果变量出现的。在本书的研究中，团队创造力被定义为团队成员通过团队内部学习和交流将内部资源转化为新颖性和有用性的想法、服务、流程和产品，也是作为结果变量来探讨的，下面将重点对团队创造力的前因变量进行分类总结。

个体创造力和团队创造力紧密相连，团队中个体创造力水平决定着团队整体创造力的状态，因此对于团队创造力的研究出现了分别以个体和团队为出发点的两类研究。以个体视角的研究注重组成团队成员的禀赋、个性特性、认知风格、心理特质等方面对创造力的影响；以团队视角的研究注重团队作为一个整体的结构、特征、领导、行为、情绪氛围等方面对创造力的影响。前者强调了整体中的个体差异的作用，后者强调了整体内部要素的复杂互动。本书从团队的视角对影响团队创造力的前因进行追溯。

1. 团队成员个体因素

在个体层面对团队创造力的影响方面，学者们主要从个体的认知特点、创造力禀赋、人格特质、认知风格、心理状态以及积累的经验等方面进行研究。Aggarwal 和 Woolley（2019）验证了认知风格多样性通过团队交互系统与团队创造力之间的正向影响关系；此外，还有学者证实了尊重承诺、创造型人格、主动型人格、内在动机、员工建言行为、个人团队匹配、工作经验等变量和团队创造力正相关（Carmeli et al.，2015；Grant & Berry，2011；Somech & Drach-Zahavy，2013；Zhang & Bartol，2010；邓今朝、喻梦琴和丁栩平，2018；钱宝祥、蔡亚华和李立，2016；张琳琳等，2016）。

2. 团队领导因素

团队领导对团队创造力的影响作用已经被证实，目前的相关研究主要围绕领导风格、领导特质和领导行为等方面展开。Zhang 等（2011）探讨了中国组织中领导者通过变革型和威权型两种不同领导风格影响团队创造力的过程；论证了变革型领导与团队创造力之间存在正相关关系，而威权型领导与团队创造力之间存在负相关关系，这种关系通过集体效能和团队成员之间的知识共享的中介作用来实现。Carmeli 和 Paulus（2015）则认为，在高管团队中培养具有创造性思维，并且拥有开放、思想交流和有效讨论的观念促进型领导（Ideational Facilitation Leadership）有助于提高团队创造力。Wu 等（2017）以探索性学习和利用性学习为中介，探讨了授权领导力与团队创造力之间的影响路径。此外，在中国管理情境下，学者们对近 20 种领导风格对团队创造力的影响进行了探讨，详见表 2-14。

表 2-14　影响团队创造力的领导因素前因变量及代表文献

前因变量	代表文献
团队领导风格： 变革型领导、魅力型领导、真实型领导、双元型领导、家长型领导、包容型领导、共享型领导、授权型领导、悖论型领导、自恋型领导、创业型领导、辱虐型领导、工作狂型领导、教练型领导	Carmeli 和 Paulus（2015）；Wu 等（2017）；Zhang 等（2011）；陈慧等（2021）；陈璐、柏帅皎和王月梅（2016）；杜娟、赵曙明和林新月（2020）；耿紫珍等（2021）；管建世、罗瑾琏和钟竞（2016）；韩宏稳和杨世信（2016）；何文心、刘新梅和姚进（2019）；李铭泽、叶慧莉和张光磊（2020）；李全等（2021）；林芹和易凌峰（2020）；刘雪梅和刘铮（2019）；彭伟和金丹丹（2018）；彭伟和马越（2018）；彭伟、马越和储奎庆（2020）；谢俊和储小平（2016）；杨红、彭灿、杜刚、许春和吕潮林（2021）；杨红等（2021）；岳雷和马卫民（2016）；赵红丹和刘微微（2018）；赵金国、孙玮、朱晓红和唐贵瑶（2019）；赵莉等（2017）
团队领导行为及特质： 团队领导跨界行为、团队领导宜人性、谦卑型领导行为、真诚型领导行为、团队领导创造力期望	Hu 等（2017）；Li 和 Yue（2019）；李燃、王辉和赵佳卉（2016）；李召敏和赵曙明（2018）；刘圣明、陈力凡和王思迈（2018）；刘伟国、房俨然、施俊琦和莫申江（2018）；王艳子、白丽莎和李倩（2017）；王艳子、罗瑾琏和李倩（2016）；余义勇和杨忠（2020）；赵金国等（2019）

资料来源：笔者根据参考文献整理。

除领导风格外，领导行为和特质也会影响团队创造力的提升，团队领导谦逊（刘圣明等，2018）、真诚（李燃等，2016）的品格和行为对团队创造力有积极的影响。Li 和 Yue（2019）认为，领导者的创造力水平是有效领导的核心组成部分，领导者创造力与团队创造力呈正相关。刘伟国等（2018）的研究也证实了这一点。此外，余义勇和杨忠（2020）基于知识整合和团队氛围的视角，通过实证分析证明了团队领导跨界行为对团队创造力有显著正向影响。

3. 团队结构因素

团队构成的异质性和多样性成为国内外学者关注的重点。Shin 和 Zhou（2007）考察了团队教育专业异质性与团队创造力正相关的条件；刘泽双和杜若璇（2018）基于知识整合的视角验证了创业团队知识异质性正向作用于团队创造力，而知识整合在其中起中介效应；孙金花等（2020）则更进一步检验了隐性知识异质性基于知识重构视角与知识型团队创造力的正向关系，并且认为，认知冲突水平较高时会因产生过量的认知负荷而削弱二者的正向影响关系。除此之外，有的学者从团队人口学的角度探讨了性别与年龄多样化与团队创造力之间的影响关系（王明旋等，2019）。Hoever 等（2012）则用实验验证了团队多样性对团队创造力的影响，团队成员视角选择的程度调节了团队多样性对创造力的影响；多元化团队在进行观点分析时比同质团队表现得更有创造性，但在没有从团队成员的角度进行分析时则不然。Li 等（2017）则验证了团队文化多样性通过团队信息共享和员工信息阐述对团队创造力和个人创造力均有正向影响，当多元文化工作团队的包容氛围越强时，团队文化多样性对团队创造力和个人创造力的间接正向关系越强。Aggarwal 和 Woolley（2019）探讨了团队认知多样性如何增强和抑制团队认知，当认知多样性有利于识别团队需要的资源时，可以增强对团队创造力至关重要的团队认知的影响。目前的研究关于团队异质性和多样性对团队创造力的作用仍没有一致的结论，团队异质性、团队多样性和团队创造力之间的作用机制错综复杂，仍有更多的空间等待探索。

4. 团队特质、行为因素

从团队整体角度来看，每个团队都有一定区别度的特质，而团队思维方式是成员对团队特质和能力水平是否可以改变的认知。张建卫等（2019）验证了团队思维方式对团队创造力具有显著的正向影响。作为一个整体的团队行为与团队创造力的关系紧密相连，如团队跨界行为通过收集、传递和利用外部的知识对团队知识进行补充和融合，有利于团队创造力的提升（臧维等，2019）。此外，团队的学习行为是团队创造力提升的关键。Choi 和 Lee（2015）用仿真模拟实验探讨了在利用式学习和探索式学习保持平衡的基础上，双元学习基于知识创造对团队创造力的影响过程，认为团队的创造力是通过利用和探索的平衡过程所创造的知识水平来提高的。韵江等（2015）从团队角度考察了双元学习对团队创造力的影响机理，验证了探索式学习和利用式学习对团队创造力有正向影响作用，并有利于提升团队绩效。

5. 团队氛围、流程因素

在中国集体主义情境下，团队亲社会动机被认为是影响团队创造力的重要因素，亲社会动机高的团队成员更愿意为集体和他人着想，易于形成良好的工作氛围，提高整体的团队创造力（张晓洁、刘新梅，2018）。张建卫等（2018）的研究也证实了团队创新氛围对团队科学创造力具有显著正向预测作用。此外，很好地处理团队内部关系也会影响团队创造力的高低，如团队地位差异性（赵红丹、吴桢和高源，2018）、关系强度（张宁俊、张露和王国瑞，2019）、关系冲突（陈玮奕、刘新梅和张新星，2019）、地位冲突（常涛、董丹丹，2019）、地位稳定性（常涛、吴佳敏和刘智强，2019）、团队横向监督（陈玮奕、刘新梅和张新星，2020）等因素都会通过相应的机制对团队创造力产生影响。

（四）团队创造力的研究述评

首先，通过对文献的梳理发现，对于团队创造力概念的界定虽然没有形成统一的认知，但已经形成过程论与结果论两种主流的认知。本书认为，组织中关于创造力的研究有别于将个人创造力视为一种能力的研究，它更强调的是新颖、实用的想法的产出结果，因此，本书比较赞同结果论的认知，将团队创造力视为一种行为结果，并将团队创造力的定义界定为：团队成员通过团队内部学习和交流将内部资源转化为新颖性和有用性的想法、服务、流程和产品。

其次，目前对于团队创造力维度的研究文献比较少见，特别是尚缺乏中国情境下团队创造力的维度开发。团队创造力作为单维度的变量已成为大多数研究的选择，本书也将团队创造力作为单一维度的变量，不再进行维度的拆分。

最后，在对影响团队创造力的相关研究文献进行梳理时发现，团队创造力变量往往以结果变量的形式出现，很少作为前因变量和中介变量。团队创造力的前因变量的研究分为个体层面和团队层面两个层面：个体层面的研究强调了个体的特质、心理、行为、经验等方面对团队创造力的影响；团队层面的研究更为复杂，学者们围绕团队的特质、结构、领导、行为、氛围、流程等方面进行了深入研究。此外，在进行文献分析时发现，目前对于团队学习行为对团队创造力的作用方面的研究还不深入，特别是对于双元学习对团队创造力的影响机理还有待于挖掘，这将是本书要探讨的核心内容。

四、知识共享的相关研究

知识共享是知识管理理论的一个重要概念，鼓励员工分享知识可能是知识管理过程中最重要的问题之一，也是组织运行中最基本的活动。当知识所有者不愿意分享时，知识转移就会失败，知识创造也不可能发生（Nonaka，1994）。在知识管理过程中，知识共享有利于知识创造活动的顺利开展（Akhavan et al.，2012；刘和东、徐亚萍，2019），可提高组织内部单元的团队创造力（Carmeli & Paulus，2015；Li et al.，2017；Zhang et al.，2011；杨红等，2021），实现降低成本、缩短产品开发周期、提高客户满意度以及提高创新能力的目标（Wang & Noe，2010），从而提高组织持续的市场竞争力。因此，探究知识共享在组织中的运行规则具有重要意义。下面将在知识共享的含义、维度、影响因素三个方面对相关文献进行总结。

本书以"knowledge sharing""knowledge exchange"为关键词在 Web of Science、ProQuest Central、Scopus 等数据库中进行文献检索，为确保检索到

的文章的权威性以及和本书研究的相关性，本书以 SSCI 和 SCI 数据库收录文献为基础，再次对文献的摘要进行了阅读、分析，筛选出相关性较高的且以实证研究为主的 57 篇文献进行参考。此外，中文文献是以"知识共享""知识分享"为关键词在中国知网中检索南大核心 CSSCI 数据库中的文章，共计检索到文献 1197 篇，本书主要参考、总结了近五年来 11 篇实证研究的文献。

（一）知识共享的含义

知识共享是一个多学科、多层次的概念，在知识管理过程中，知识共享是其中的关键组成部分，在将个体层面的学习转化为更高层面的学习（团队、组织）的过程中，知识共享是一个关键过程（Akhavan et al.，2012）。目前，关于知识共享的研究文献在个体层面、团队层面、组织层面以及组织间层面均有分布（Farhan Ahmad & Karim，2019；Wang & Noe，2010；张春阳、张春博、丁坤和徐岩，2021）。知识共享可以发生在不同层面，个体层面的知识共享是团队层面共享行为发生的基础，但团队层面的共享行为并非个体层面知识共享的简单加总，个体层面的知识共享既有以工作为目的的行为又有私人之间的交流，而团队层面的知识共享更具有工作目的性（张春阳等，2021）。因此，区分不同层次的知识共享具有重要意义。

由于学者们选取的研究角度以及研究层次不同，对知识共享的内涵与外延的界定也有所不同，为了更清楚地了解知识共享的概念界定情况，现将近年来比较有代表性的定义进行了归纳总结，详见表 2-15。

表 2-15　知识共享的代表性定义总结

代表性文献	含义界定	层次
Cummings （2004）	提供或接收有关产品或程序的任务信息、专有技术和反馈	团队
Srivastava 等 （2006）；Zhang 等 （2011）	团队知识共享是指帮助团队成员分享与任务相关的想法、信息和建议的活动	团队

代表性文献	含义界定	层次
Hsu 等（2011）	组织寻求有效知识转移和创造的必要过程，可以帮助组织获得和维持竞争优势	组织
Akhavan 等（2012）	识别现有的和可获取的知识，以便更好、更快、更廉价地转移和应用这些知识来解决特定的任务	组织
Witherspoon 等（2013）	个人对个人之间的知识贡献	个人
Yu 等（2013）	拥有知识的人愿意将自己的工作经验、技术和意见以具体的方式传递给他人，并期望他人将这些知识实际应用到工作中	个体
Wang 等（2014）	知识共享是指向其他员工提供显性知识和隐性知识，以解决问题以及实施新的想法、政策，促进目标实现的活动	个体
Hu 和 Zhao（2016）	知识共享是员工交流知识和经验以产生新想法和创造知识的过程	个体
Ahmad（2018）	与任务相关的信息、建议和专业知识的交换，以帮助他人并与他人合作执行日常任务、解决问题和开发新想法	个体
Dong 等（2017）	团队成员相互分享与实现目标相关的想法、信息和建议的程度	团队

资料来源：笔者根据参考文献整理。

在知识共享的研究早期，个体层面的文献比较多见。Witherspoon 等（2013）给出的定义比较简单明了，认为知识共享是个体和个体之间的知识贡献，这个定义的一个重要缺陷是它忽略了组织内部信息系统和知识库的贡献。Yu 等（2013）则将个人进行知识共享的意愿作为知识共享的核心组成，这一界定在学术界赢得了广泛支持，并有学者将这一知识共享的认知拓展到了团队层面（Hsu et al.，2011；Wu et al.，2007），认为团队成员的知识共享意愿和团队的知识共享能力正相关。有的学者从知识共享的内容出发，对知识共享的概念进行了界定，认为知识共享是员工之间进行的与工作内容相关的信息、建议、知识的交换，以解决问题、实施新的想法和政策，促进目标实现的活动（Ahmad，2018；Wang et al.，2014）。除上述观点外，还有学者持过程论的观点，认为知识共享是员工交流知识和经验以产生新想法和创造知识的过程（Hu & Zhao，2016）。

从团队层面着手研究的学者认为，团队是许多组织中知识交流与储存的基本单元。团队知识共享是组织内部知识在更广范围进行流动的关键环节，组织鼓励将员工间的共享行为上升到团队层面，因而团队层面的知识共享成为学者们的研究重点。Cummings（2004）对团队知识共享的定义强调了知识共享的双向性，即在团队中的个体既可以是接收方又可以是提供方，成功的知识共享意味着知识所有者愿意分享知识、知识接受者能够吸收新知识。有的学者从行为角度对知识共享进行了界定（Srivastava et al.，2006；Zhang et al.，2011），认为团队知识共享是指帮助团队成员分享与任务相关的想法、信息和建议的活动。还有的学者将知识共享视为团队内部互享资源的环境氛围的营造（Dong et al.，2017；Lee & Song，2020），强调知识共享是一个重要的团队过程和背景，是鼓励团队成员交换、理解信息和见解从而提升创造力的重要条件（Huang et al.，2014）。由此可以推论，团队层面的知识共享研究，将团队看作传递和保存知识的基本单位，强调了团队知识共享的整体性。本书从团队层面探讨知识共享在团队创造性活动中的作用，将团队知识共享的含义界定为：团队成员愿意相互分享与团队任务相关的显性知识和隐性知识的程度。

在组织层面对知识共享的研究，主要强调了知识共享在组织发展中的重要战略地位。Hsu 等（2011）认为，知识共享是组织寻求有效知识转移和创造的必要过程，可以帮助组织获得和维持竞争优势，Akhavan 等（2012）则认为，知识共享是指组织识别现有的和可获取的知识，以便更好更快更廉价地转移和应用这些知识来解决特定的任务。

（二）知识共享的维度

在对相关文献进行梳理的过程中发现，大多数文献都将知识共享作为单一维度的变量进行研究，但也有学者根据研究需要，对知识共享变量进行了不同维度的划分，详见表 2-16。Mura 等（2016）按照个体间知识分享的内容将知识共享分为分享最佳实践、分享错误、寻找反馈三种类型。Cummings（2004）探索了团队层面的知识共享维度，以团队为界限将团队知识共享分为外部知识共享、内部知识共享；Carmeli 等（2013）从组织层面也进行了相关验证。Haas 和 Hansen（2007）的研究将知识共享分为个人建议的采纳和电子文档的使用两种类型；为进一步揭示从企业其他部门获得的知识所产生的潜在价值，将知识共享又分为了过程和内容两个维度。Huang 等（2014）根据隐性知识和显性知识的分类（Nonaka，1994），在团队设置中区分了两种类型的知识共享，并分别考察了各自的调节效应。他们认为，隐性知识共享的过程包括团队成员分享个人经验和阐述背景知识和专长，显性知识共享的过程则是团队成员以编码形式交流思想和知识；并认为隐性知识共享比显性知识共享更有潜力帮助拥有不同专业知识的工作者产生创造性的解决方案，与隐性知识共享相比，显性知识共享更有可能增强拥有类似专业知识团队成员的创造力。吴勇和朱卫东（2013）则根据知识共享的方式，将知识共享分为科技和文件知识共享、人际互动知识共享、实际体验知识共享三个维度，分别考察了三种知识共享方式对于团队创造力的影响。与此类似，Akhavan 等（2012）也根据组织层面的知识共享方式，将知识共享分为日常管理流程、IT、员工知识共享三个维度，验证了三个维度对知识创造的影响关系。

表 2-16　知识共享维度划分总结

代表作者（年份）	维度
Cummings（2004）	团队层面：外部知识共享、内部知识共享
Haas 和 Hansen（2007）	团队层面：知识共享过程、知识共享内容
Akhavan 等（2012）	组织层面：日常管理流程、IT、员工知识共享
Carmeli 等（2013）	组织层面：外部知识共享、内部知识共享

代表作者（年份）	维度
Huang 等（2014）	团队层面：显性知识共享、隐性知识共享
Mura 等（2016）	个体层面：分享最佳实践、分享错误、寻找反馈
吴勇和朱卫东（2013）	团队层面：科技/文件知识共享、人际互动知识共享、实际体验知识共享

资料来源：笔者根据参考文献整理。

由以上分析可以看出，目前的文献对于知识共享的维度探讨处于起步阶段，具体表现是相关文献较少，并且维度划分根据知识分类、共享方式展开，缺乏对知识共享内涵更深层次的研究与思考，将来的研究可根据知识共享的行为过程等角度进行维度的拓展。本书是在团队层面上探讨知识共享的调节作用，对于知识共享的解读更倾向于 Dong 等（2017）以及 Lee 和 Song（2020）对知识共享的观点，将知识共享视为团队内部互享资源的环境氛围的营造，强调知识共享是一个重要的团队过程和背景，因此不再进行维度的划分，将其作为单一维度的变量进行探讨。

（三）知识共享的前因变量与结果变量分析

从检索到的文献来看，关于知识共享的研究非常丰富，相关研究主要围绕个体、团队、组织三个层面展开，随着实证研究技术的更新，为了更深入地考察知识共享在多层面的作用机制，有学者进行了跨层次的相关研究（Dong et al.，2017；Gong et al.，2013；Iqbal et al.，2015；Liu et al.，2011；Liu & Phillips，2011；Vandavasi et al.，2020）。近年来，团队作为组织架构中最基本的单元，在个人和组织之间发挥着重要的桥梁作用；并且，在组织知识管理的过程中，个体层面的知识只有顺利转换到团队层面，才能成为显性知识而得以在组织中储存、流转（Carmeli & Paulus，2015）。研究团队层面的知识共享具有重要的意义，因此围绕团队层面知识共享的相关研究近年来呈上升趋势。本书立足于团队层面考察知识共享在团队学习过程中的影响作用，本部分对于知识共享的前因变量与结果变量分析也主要基于团队层面以及一些跨层次研究的文献，相关文献的变量总结见表2-17。

表 2-17 团队知识共享实证文献总结

代表性文献	前因变量	中介变量	调节变量	结果变量
Cummings（2004）	团队知识共享	无	团队结构多样性	团队绩效
de Vries 等（2006）	沟通方式 工作满意度 自我绩效	分享的热情 分享的意愿	无	知识共享： 知识收集行为、 知识赠予行为
Sawng 等（2006）	团队特征	无	无	知识创造： 团队知识共享、 团队知识创造
Srivastava 等（2006）	授权型领导	团队知识共享 团队效能	无	团队绩效
Haas 和 Hansen（2007）	知识共享	无	无	任务绩效
Wu 等（2007）	团队情感信任、 团队社会互动	无	无	团队知识共享、 团队学习强度
Huang（2009）	交互记忆系统、 信任、网络关系、 集体意识	知识共享、 团队凝聚力	无	团队绩效
MacCurtain 等（2010）	高管团队组成、可信度	知识共享、 任务反思	无	新产品绩效
Hsu 等（2011）	团队人格构成	情感关系	无	知识共享
Liu 和 Phillips（2011）	变革型领导氛围	团队认同、 团队知识 共享意愿	无	团队创新、 个人知识 共享意愿
Zhang 等（2011）	变革型领导、 威权型领导	知识共享、 团队效能	无	团队创造力
Akhavan 等（2012）	知识共享	无	无	知识创造
Henttonen 等（2013）	团队内部社交网络结构	内部知识共享	无	团队工作绩效
Ma 等（2013）	道德型领导	知识共享、 自我效能	无	员工创造力
Gong 等（2013）	团队目标导向	团队信息交换	团队领导、 信任关系	个人创造力、 团队创造力

续表

代表性文献	前因变量	中介变量	调节变量	结果变量
Yu 等（2013）	知识共享	无	组织创新氛围	创新行为
Huang 等（2014）	专业知识异质性	无	团队知识共享	创造力
Auh 等（2014）	团队任务冲突、团队关系冲突	团队信息交换、团队信息解释与实施	无	团队绩效
Lee 等（2014）	变革型领导	知识共享、吸收能力	无	团队绩效
Park 等（2014）	组织变革的开放度、知识共享意愿	知识创造实践	无	员工创造力
Carmeli 和 Paulus（2015）	观念促进型领导	团队知识共享	无	团队创造力
Iqbal 等（2015）	人力资源管理	知识共享	无	员工能力、组织能力
Bai 等（2016）	变革型领导	任务冲突、关系冲突、知识共享	无	员工创造力
Hu 和 Zhao（2016）	知识共享	创造性自我效能感	工作满意度	员工创新
Cheung 等（2016）	职能多元化	知识共享	情感信任	团队创新
Flinchbaugh 等（2016）	高参与工作实践	知识共享	观点采纳	团队服务氛围
Madrid 等（2016）	领导情感存在	信息共享	无	创新行为
Mura 等（2016）	知识资本	知识共享、心理安全	无	创新工作行为
Alsharo 等（2017）	知识共享	合作	信任	团队效能
Dong 等（2017）	团队聚焦型变革性领导、个人聚焦型变革型领导	团队知识共享、个人技能发展	团队知识、共享跨层	团队创造力、个人创造力
Kang 和 Lee（2017）	吸收能力	知识共享	无	创新能力
Yi 等（2019）	悖论型领导	无	知识共享	开发式创新、探索式创新
Lee 和 Song（2020）	团队知识共享	内在动机	信任	工作塑造
Vandavasi 等（2020）	知识共享	共享领导	无	创新行为
张琳琳等（2016）	主动型人格	工作重塑	团队创造力	知识共享

资料来源：笔者根据参考文献整理。

1. 前因变量分析

从表2-17中知识共享的相关实证研究中的变量分布可以看出，团队知识共享的前因变量涉及团队领导因素、团队结构因素、团队特征因素、团队情境因素等方面。

（1）团队领导因素

团队中的领导类型是知识共享的重要前因变量，如授权型领导（Srivastava et al.，2006）、变革型领导（Bai et al.，2016；Lee et al.，2014；Liu & Phillips，2011；Zhang et al.，2011）、道德型领导（Ma et al.，2013）、悖论型领导（Yi et al.，2019）等，都对知识共享有积极的作用。除领导类型外，领导的组成也会影响团队知识共享水平。MacCurtain 等（2010）通过实证分析发现，高管团队的年龄多样性与知识共享能力呈显著正相关，而教育程度、任期和职能多样性对知识共享能力和动机均无直接影响。此外，Madrid 等（2016）则以一种新颖的人格结构情感为研究角度，通过多源的数据验证了团队领导者的积极情感与团队信息共享呈正相关，而团队领导负性情感与团队过程呈负相关。

（2）团队结构因素

Henttonen 等（2013）从团队内部社交网络的视角，验证了工具性网络结构能够促进工作团队内的知识共享，而表达性网络结构则不会促进团队知识共享的发生。此外，团队的人格构成（Hsu et al.，2011）、专业知识异质性（Huang et al.，2014）以及交互记忆系统（Huang，2009）等都是影响团队知识共享的重要因素。

（3）团队特征因素

Sawng 等（2006）考察了研发团队特征与知识管理的内在影响机制，验证了研发团队组成如团队规模、成员年龄、性别、工作时间和团队历史越多样化，知识管理就越活跃；而当工作时间长、女性比例高时，知识共享更为活跃，团队成员分享知识的可能性就更高。de Vries 等（2006）研究了团队沟通风格与知识共享的关系，验证了随和和外向风格与知识共享意愿和行为呈正相关。

（4）团队情境因素

良好的团队氛围为知识共享的开展提供了动力。Wu 等（2007）以社会资本为出发点，探讨了团队情感信任、团队社会互动与知识共享的关系。他们认为，当基于情感的信任在团队中占主导地位时，成员会对同事的需求更加敏感，也更愿意帮助他们，因此，基于情感信任的团队成员将更有可能参与知识分享而不"囤积"。此外，当一个团队有高水平的社会互动时，成员就有大量的互动机会。频繁的互动有助于成员发展人际关系；亲密的互动可以进一步加强成员之间的相互理解，促进他们之间保持良好的关系。通常，当一种共同的认同感和友谊促使人们作为一个熟悉和友好的团队工作时，团队成员就会互相帮助，形成一种群体内关系；而相反地，团队内部的冲突则不利于知识共享的进行。Auh 等（2014）验证了团队任务冲突、团队关系冲突对知识共享产生的负面影响。还有的学者认为，团队知识共享还受到团队学习目标的影响，团队学习目标通过引导成员对团队任务进行全面、丰富和准确的理解，从而激励成员进行信息检索、交换和处理，共同目标下的能力发展需要团队成员不断寻求信息并向其他成员学习，共同的愿景和目标可以促进资源交流（Gong et al.，2013）。

2. 结果变量分析

团队知识共享的结果变量最常见的有团队绩效（Auh et al.，2014；Cummings，2004；Huang，2009；Lee et al.，2014；Liu et al.，2011；Srivastava et al.，2006）、任务绩效（Haas & Hansen，2007）、团队创造力（Carmeli &

Paulus，2015；Dong et al.，2017；Gong et al.，2013；Zhang et al.，2011)、团队创新行为（Cheung et al.，2016；Vandavasi et al.，2020；Yu et al.，2013）等变量。此外，Akhavan 等（2012）探讨了知识共享的三个维度对知识创造的影响；Flinchbaugh 等（2016）论证了知识共享对团队服务氛围的促进作用；Lee 和 Song（2020）运用工作塑造理论和自我决定理论验证了团队知识共享对工作塑造的积极作用。

3. 团队知识共享调节作用分析

团队知识共享调节作用的探索是对其在团队发展中作用机制的更深入的研究，在文献梳理时本书发现，只有少量的文献对团队知识共享的调节作用进行了验证。例如，Huang 等（2014）通过跨层次的方法探讨了研发项目团队中，团队层面的知识共享在个体层面的专业知识差异对员工创造力的影响关系中的调节作用：当隐性知识共享水平越高时，个体知识工作者的专业知识差异与创造力之间的正向关系越显著；当显性知识共享水平越高，知识员工个体的专业知识差异与创造力之间的负向关系越显著。Dong 等（2017）构建了影响个人创造力和团队创造力的多层次模型，团队知识共享构成了一个跨层次的情境因素，调节了个人层面的技能发展和个人创造力之间的关系。

（四）知识共享的研究述评

首先，知识共享是一项重要的组织活动，它的潜在影响跨越了组织的所有层次，目前的研究主要涉及个人、团队、组织以及组织间层次，以定量研究为主。前述的实证文献表明，参与知识共享不仅有利于组织绩效、组织创新的提升，对团队和个人的创造力提升都有积极影响。团队层面的知识共享对知识从个人向组织、从隐性到显性的转化起着至关重要的作用，因此，研究团队层面的知识共享具有重要意义。本书将团队看作传递和保存知识的基本单位，强调了团队知识共享的整体性，将团队知识共享的含义界定为：团队成员愿意相互分享与团队任务相关的显性知识和隐性知识的程度。

其次，通过文献分析可以看到，知识共享变量作为前因变量、中介变量、结果变量的文献均有论述，作为中介变量的文献最为多见，最常被研究的受知识共享影响的结果变量是创造力、学习能力、创新能力和绩效等。知识共享作为一项互动密集的活动，它能加强社交、建立信任、鼓励互惠，并有助于实现团队多样性发展。近年来，知识共享在团队层面以及跨层次的影响作用中逐渐成为研究的热点。

最后，关于知识共享维度的划分仍处于探讨阶段，尚没有形成统一的认知。尽管依据知识分类、共享方式、共享内容等进行了维度划分，但仍缺乏对知识共享内涵的更深层次的思考，将来的研究可根据知识共享的行为、过程等角度进行维度的拓展。本书是在团队层面上探讨知识共享的调节作用，对于知识共享的解读更倾向于 Dong 等（2017）以及 Lee 和 Song（2020）对知识共享的观点，将知识共享视为团队内部互享资源的环境氛围的营造，不再进行维度的划分，将其作为单一维度的变量进行探讨。

五、心理资本的相关研究

积极心理资本是继经济资本、人力资本、社会资本之后提升组织竞争优势的最重要的资本（Luthans et al.，2004），它基于积极组织学和积极心理学而产生，具有科学性及基于证据的严谨性和实用性（Luthans et al.，2007）。随着对心理资本内涵及其维度、测量的深入探讨，该理论得到广泛认同，不断涌现的实证研究对心理资本的作用机制进行了验证，很多跨文化的研究检验了心理资本在不同文化情境下的适应性，并且心理资本的研究逐渐由个体层面向团队、组织层面延伸（Luthans & Youssef-Morgan，2017）。本书根据检索到的文献对心理资本的内涵进行梳理，并对心理资本的维度划分以及团队心理资本的相关影响因素进行分析总结。

本书以"psychological capital""team psychological capital"为关键词以 Web of Science 为主数据库，以 ProQuest Central、Scopus 等数据库为辅助进行 文献检索，检索到 3520 篇文章；以"team psychological capital"为关键词继 续在此基础上进行检索，共检索到 146 条相关文献。中文文献是以"心理资 本"为关键词在中国知网中 CSSCI 数据库中进行检索，共检索到 514 条相关 文献；在此基础上以"团队心理资本"为关键词再次检索，共检索到文献 9 篇。为确保检索到的文章的权威性以及和本书研究的相关性，再次对文献的 摘要进行了阅读，筛选出相关性较高的基础理论性文章和近年来的实证研究 文献 49 篇。本书关于心理资本基础性研究方面主要参考了 Luthans 及其团队 的研究成果，在分析心理资本影响因素时主要以团队层面的心理资本文献 为主。

（一）心理资本的内涵

心理资本（Psychological Capital）这一概念的雏形出现在心理学、经济 学、投资学等领域的文献中（Goldsmith et al.，1997；Luthans，2002b），正 式提出这一概念并对其展开深入研究的是 Luthans。深受积极心理学运动 （Seligman，2000）的影响，Luthans 将组织行为研究的重点引向一种积极主 动方法的研究，开辟了以积极导向的人力资源优势和心理能力为研究对象的 积极组织行为研究领域，并以类状态、开放发展、可管理、可有效测量等作 为标准，将信心、希望、韧性、乐观等心理状态纳入积极组织行为研究的范 畴（Luthans，2002a，2002b；Luthans et al.，2004），认为积极心理资本是继 经济资本、人力资本、社会资本之后对于提升组织竞争优势的最重要的资本， 并给出了积极心理资本的含义，将心理资本定义为"个体积极的心理发展状 态"，将心理资本的主要构成界定为希望（Hope）、效能（Efficacy）、韧性

（Resilience）和乐观（Optimism），简称为"HERO"（Luthans et al.，2004；Luthans & Youssef-Morgan，2017）。

心理资本的一个显著特征，是它的可塑性或延展性以及对变化和发展的开放性，心理资本是一种类状态性资源，比情绪、情感等更具有稳定性，又比人格特质等资源更具有可塑性（Peterson et al.，2011）。这四种资源既有共同点又有各自的独特性，结合在一起形成了基于四种一阶结构的高阶核心结构，这一结构的能效在后续的研究中得到了验证（Clapp-Smith et al.，2008；Luthans et al.，2007）。这四种资源具有的共性特征是基于激励、努力和毅力，积极评估成功的环境和可能性（Luthans et al.，2007），信心使人们有意识地选择具有挑战性的目标，并有动力实现这些目标，希望将促进实现这些目标的多种途径的产生，而恢复力则使人们在受阻时从挫折中恢复过来。总之，这些积极心理资源将有助于人们在追求和实现目标的过程中，保持内在的控制感和意向性（Avey et al.，2011；Luthans & Youssef-Morgan，2017）。

随着积极心理资本理论研究的不断拓展，学者们发现集体层面的心理资本研究也具有重要价值，集体心理资本的状态影响着组织的整体发展。Peterson 和 Zhang（2011）认为，集体心理资本被概念化为一个群体共同的心理发展状态，其特征是希望、效能、乐观和韧性。Dawkins 等（2015）认为，团队心理资本是团队成员就团队共享的积极心理资本所达成的一致认知。Heled 等（2016）将团队心理状态定义为，以自我效能、希望、乐观和韧性为特征的集体心理状态。

从以上学者对团队心理资本的界定可以看出，团队心理资本有个体心理资本的特征，但团队心理资本并非个体心理资本的简单相加。社会性感染理论指出，集体共同认知的形成来源于集体成员的沟通和信息交换（Degoey，2000），根据这一理论，Dawkins 等（2015）提出团队层面的心理资本通过社会性的相互感染过程出现，当团队提供了一个成员可以互动和交流的社会环境时，团队心理资本的每一个构成都可以通过与团队职能和运作以及相关的沟通和互动在团队成员之间共享。与个体心理资本相比，被团队成员一致认同的心理资本被认为主要来自团队成员之间有意义的社会互动，这些互动涉及他们与工作任务相关的个人心理能力。虽然团队心理资本是心理资本研究的趋势，但是相关研究成果不多，系统性梳理和述评成果更少。本书将团队心理资本的含义界定为：团队心理资本是团队成员就团队共享的积极心理资本所达成一致的集体心理状态。

（二）心理资本的维度

Luthans 认为，心理资本是一种类状态性资源，这一概念的提出以积极心理学的发展为基础，但并非所有积极心理要素都可以纳入心理资本的范畴，只有符合相应的积极组织行为标准才能归入心理资本范畴，如具有可管理开发性、可进行有效测量、在组织行为学中具有积极的作用等。随着 Luthans 等研究的不断深入（Luthans，2002a，2002b；Luthans et al.，2004；Luthans et al.，2006），学者们逐渐将研究聚焦到最符合要求的希望、效能、韧性、乐观四个维度上（Luthans et al.，2007），并开发了心理资本的测量量表，用实证的方法对其积极作用进行了初步的验证（Avey et al.，2011）。这一心理资本构成得到了学者们的普遍认可，大量的研究文献都是以此为基础展开的（Luthans & Youssef-Morgan，2017；Newman et al.，2014）。

针对心理资本四维度（希望、效能、韧性、乐观）划分法在中国文化情境下的适应性，Luthans 等（2008）通过考察中国一家国有企业和两家私营企业进行了验证，结论是心理资本的维度都对个人绩效产生了积极影响。此外，中国学者根据积极心理资本理论对中国情境下的心理资本维度进行了开发。魏荣和黄志斌（2008）将积极心理资本理论和中国科技企业中的团队实践相结合，将团队的心理资本分为潜在心理资本和显性心理资本两大类；柯江林等（2009）利用扎根理论开发了本土心理资本的维度和量表，将心理资本分为事务型和人际型两大类；侯二秀等（2012）也采用扎根理论对本土心理资本维度进行了研究，将心理资本分为任务型、学习型、创新型、关系型四个维度；李林英和徐礼平（2017）同样采用扎根理论对心理资本进行了本土化研究，将心理资本分为了六个维度，分别验证了六个维度对团队创新绩效的作用。

为了更清晰地展现学者们对心理资本在个人和集体层面的维度开发，本书对文献进行了梳理，详见表2-18。中国本土化的心理资本量表虽然具有一定的本土适应性，但在进行相关文献检索时发现，并未有足够的相关实证研究验证其可靠性。因此，本书仍采用学术界比较认可的 Luthans 及其研究团队对心理资本的维度划分方法，即分为希望、效能、韧性、乐观四个维度。

表 2-18 心理资本维度划分总结

文献信息	维度划分	层次
Luthans（2002a，2002b）；Luthans 等（2004）	希望、效能、韧性、乐观	个体
Peterson 和 Zhang（2011）	希望、效能、韧性、乐观	团队
Dawkins 等（2015）	希望、效能、韧性、乐观	团队
魏荣和黄志斌（2008）	潜在心理资本、显性心理资本	团队
柯江林等（2009）	事务型心理资本、人际型心理资本	个体
侯二秀等（2012）	任务型心理资本、学习型心理资本、创新型心理资本、关系型心理资本	个体
李林英和徐礼平（2017）	团队自信、团队希望、团队乐观、团队韧性、团队合作、团队责任	团队

资料来源：笔者根据参考文献整理。

（三）心理资本的影响因素分析

在过去的 20 年里，大量研究集中于心理资本的个体层面，研究结果表

明，心理资本与良好的员工状态（如工作满意度、心理健康等）、理想的员
工行为和多项绩效指标（如自我、主管评估和目标等）之间存在显著正相
关。心理资本与不良员工态度（如犬儒主义、离职意向、工作压力、焦虑
等）和不良员工行为（如越轨行为等）之间存在显著负相关（Avey et al.，
2011；Newman et al.，2014；Sukoco & Lee，2017）。随着研究的深入，学者
们开始探讨心理资本在团队和组织层面的作用机制，特别是由于团队在现代
组织中的作用越来越凸显，引致学者们对于心理资本在团队层面的适宜性进
行了多方面的验证（Clapp-Smith et al.，2008；Peterson & Zhang，2011；
Walumbwa et al.，2014）。Heled 等（2016）认为，心理资本不仅是个人的潜
在资源，也是团队的潜在资源，可以被视为团队层面的现象。本书从团队层
面考察心理资本的作用机制，现对检索筛选出的近年来关于团队心理资本的
实证研究文献进行了梳理，详见表 2-19。

表 2-19　团队心理资本实证文献总结

代表性文献	前因变量	中介变量	调节变量	结果变量
Clapp-Smith 等（2008）	真实型领导感知、团队心理资本	领导信任	无	财务业绩
Peterson 和 Zhang（2011）	高管团队心理资本、高管团队自我评价	无	变革型领导	业务单元绩效
Heled 等（2016）	学习氛围	团队心理资本	无	工作满意度、组织公民行为
Li 等（2016）	领导心理压力	滥用监督	团队绩效、心理资本	心理困扰
Goncalves 和 Brandao（2017）	谦卑型领导	团队安全感、团队心理资本	无	团队创造力
Mathe 等（2017）	集体心理资本	顾客满意度、服务质量	无	团队收入
Sukoco 和 Lee（2017）	心理资本团队压力	团队忘却学习	多样性氛围感知	产品创新

代表性文献	前因变量	中介变量	调节变量	结果变量
Megeirhi 等（2018）	真实型领导	无	团队心理资本	员工负面行为
Rebelo 等（2018）	变革型领导	团队心理资本、团队学习行为	无	团队绩效
Wu 和 Chen（2018）	共享领导	团队心理资本	无	组织承诺、创造力
Bogler 和 Somech（2019）	团队心理资本、团队心理资本认同	无	学习价值观、团队领导乐观主义	组织公民行为
Rego 等（2019）	领导者谦逊	团队心理资本、团队任务分配有效性	无	团队绩效
Dawkins 等（2021）	团队心理资本个体心理资本	无	心理资本强度	团队绩效、团队工作满意度、团队任务、团队关系冲突、个人工作满意度、离职倾向
Tho 和 Duc（2021）	团队心理资本	探索性学习、利用性学习	无	团队创新
Uen 等（2021）	团队工作技能	团队心理资本	无	个人创新行为
邹艳春、彭坚和印田彬（2018）	团队学习氛围	无	无	团队心理资本
徐礼平和李林英（2019）	团队心理资本	团队责任心、团队知识协同	无	团队创新绩效
陈慧等（2021）	包容型领导	团队心理资本、团队建言行为	团队任务不确定性	团队创造力

资料来源：笔者根据参考文献整理。

通过对团队心理资本的相关文献进行梳理可以看出，团队心理资本的结果变量往往和团队绩效（Bogler & Somech，2019；Clapp-Smith et al.，2008；Dawkins et al.，2021；Peterson & Zhang，2011；Rebelo，Dimas，Lourenco & Palacio，2018；徐礼平、李林英，2019）、团队创造力（Goncalves & Brandao，2017；Wu & Chen，2018；陈慧等，2021）、工作满意度（Dawkins et al.，2021；

Heled et al.，2016）等变量相关，前因变量则和领导风格（Clapp-Smith et al.，2008；Goncalves & Brandao，2017；Megeirhi et al.，2018；Rebelo et al.，2018；Wu & Chen，2018；陈慧等，2021）、学习氛围（Heled et al.，2016）等变量相关。团队心理资本作为中介变量作用机理已经得到了深入探讨，但作为调节变量的相关文献则比较少见，在本书中，团队心理资本将作为调节变量，考察这一积极的心理因素在双元学习对知识创造过程中的作用机理。

（四）心理资本的研究评述

对心理资本的内涵、维度以及影响因素的文献回顾表明，首先，心理资本的内涵和维度划分尚处于不断丰富发展的阶段，一些新的积极心理资源经过验证，只要符合基于理论和研究、具有积极作用、可有效测量、开放发展等相关的纳入标准（Luthans & Youssef-Morgan，2017），便可纳入心理资本的框架。其次，通过对心理资本的相关影响因素进行分析后发现，心理资本在个体、团队和组织层面均可发挥积极的影响作用，检验其作用机制时需要多和组织行为理论、社会认知理论、社会感染理论等相结合，今后可进一步扩大心理资本理论和其他相关领域理论的交叉影响作用的研究。本书将团队心理资本置于团队学习过程中，考察其作为积极心理资源的调节作用，进一步丰富了团队心理资本的研究内容。

第三节　本章小结

本章主要分为两大部分。第一部分介绍了研究开展的理论基础，依据检索到的相关文献阐述了组织学习理论，知识管理理论，双元性理论的内涵、起源、发展以及演进过程，并对这些理论的现状和发展进行了评述，指出了这些理论与本书研究的主要支撑关系。在第二部分相关变量的文献综述中，依据筛选出的文献梳理了国内外有关双元学习、知识创造、团队创造力、知识共享、心理资本的相关研究，主要从变量的含义界定、研究维度、相关影响变量等方面进行总结和归纳，最后进行了评述。本章是本书后续研究的理论基石，对以前研究情况的把握有利于找准研究的切入点，为后续研究的开展打下基础。

第三章　理论模型和研究假设

第一节　团队双元学习对团队创造力的影响

双元学习是组织双元理论的一个重要构念，Duncan（1976）最早提出了组织双元性的构建理念，但双元性的理念直到 March（1991）提出探索性学习和利用性学习后才引起广泛关注。March 最早提出了探索性学习和利用性学习的含义，认为探索性学习是指那些可以用搜索、发现、实验等术语来表达的学习行为，其本质是对新知识、新事物的追求；而利用性学习是指可以用提炼、筛选、生产等术语来表征的学习行为，其实质是对现存事物的开发利用，对已有知识或能力的提升。从双元学习最初的内涵阐释可以得出，无论是探索性学习对新知识的追求，还是利用性学习对现有知识的开发利用，二者都是一种能力提升的行为。Yalcinkaya 等（2007）指出，利用性学习有利于创造性想法的产生；探索性学习致力于突破性、开创性知识的探寻与能力的获得，因此其本身即被视为一种创造力。

在瞬息万变的市场环境中，团队以其快速反应和创新能力在组织创新活动中起着越来越重要的作用，这引起了管理者和理论界学者的普遍关注。现代组织往往采用基于团队的结构，以更好地在高度竞争的环境中生存，团队学习是理解和预测团队以及组织绩效的关键因素（Edmondson，2002）。韵江等（2015）同样认为，团队往往依赖于通过学习将有限的内部资源转化为创造性产出的能力。在本书中团队创造力的含义也持结果论的观点，认为团队创造力是团队成员通过团队内部学习和交流将知识转化为有关产品、服务、流程和程序的新颖和有用的想法。同样，Wu 等（2017）也认为，团队创造力是团队学习的一种输出结果，在开放式创新环境下，探索性学习和利用性学习被认为是提高团队绩效特别是团队创造力的有效途径。团队双元学习作为团队学习的一种重要机制，对团队创造力具有显著的影响。团队探索性学习指的是帮助团队寻找、实验和开发新知识的活动，而团队利用性学习描述的是使团队精炼、重组和实践现有知识的活动（Kostopoulos & Bozionelos，2011）。由此可见，团队探索性学习可以带给团队更丰富、差异化的知识，团队利用性学习可以帮助团队拓宽和加深知识的范围与深度，两种学习方式的开展为团队创造力的提升提供了保障，并且通过两种学习行为收获知识的质和量，影响着团队创造力的水平（刘新梅等，2013）。

此外，也有学者对探索性学习和利用性学习两种学习方式对团队创造力的作用机理进行了研究。Li 等（2019）将团队创造力分为激进创造力和增量创造力两个维度。激进创造力指的是产生高度新颖的想法，而增量创造力指的是产生适应性强、相对较新的想法，这与对现有做法和产品的微小修改和升级有关。相对应地，团队探索性学习更多的是开发与现有想法迥异的知识与能力，而利用性学习则是对现有知识的加工、整合（戴万亮等，2019），因此，团队探索性学习和利用性学习分别有利于团队突破性创造力和渐进式创造力，这一观点区分了双元学习两个维度对团队创造力的不同作用机制，同时也印证了双元学习对团队创造力的积极正向影响。

探索性学习和利用性学习并非割裂并行的两个维度，二者的有机结合才是团队创造力提升的关键。在组织层面，双元性实现的路径有结构双元（Tushman & Oreilly，1996）、时间分离双元（O'Reilly & Tushman，2013）、领导双元（Zhao et al.，2020；赵莉等，2017）、情境双元（Lavie et al.，2011；Lavie & Rosenkopf，2006）等，但不是每一种实现路径都适合团队层面。越来越多的微观管理领域的学者开始关注团队层面的双元现象，团队是架构在组织内的更小、更紧密的单位结构（Mathieu et al.，2017），是一个相对独立的工作单位，需要在日常运作中适应变化的环境的同时有效地完成日常任务（Jansen et al.，2016；Kostopoulos & Bozionelos，2011；Li et al.，2017）；情境双元对团队同时追求探索性和利用性目标的实现更合适，即在团队中根据工作任务和目标设定，自行有机结合探索性学习和利用性学习（Zhao et al.，2020）。

团队创造力是个体创造力的简单相加的认知已经被摒弃，团队层面的创造力有着区别于个体、组织层面的特征与影响因素（Woodman，Sawyer & Griffin，1993）。团队探索性学习和利用性学习具有相辅相成的关系：利用性学习可以增加团队已有知识的开发和互动，明确团队知识的欠缺，为探索性学习指明方向；探索性学习则通过新知识的创造，充实团队的知识储备，为利用性学习提供内容，二者的情境结合对团队创造力产生更显著的影响（戴万亮等，2019；刘新梅等，2013；赵红丹、刘微微，2018）。Choi 和 Lee（2015）运用数学建模和仿真的方法，以知识创造机制揭示了团队双元学习与团队创造力之间的关系，论证了团队双元学习平衡对团队创造力的积极影响过程。

从以上分析可以看出，团队层面的探索性学习和利用性学习对团队创造力的作用机理虽有所差异，但都对团队创造力有积极的正向影响，两者的相互影响、有机结合对团队创造力同样具有正向的影响。基于上述分析提出以下假设：

假设 1：团队双元学习对团队创造力能产生正向影响。

假设 1a：团队探索性学习对团队创造力能产生正向影响。

假设 1b：团队利用性学习对团队创造力能产生正向影响。

根据假设 1、假设 1a、假设 1b，提出团队双元学习对团队创造力的理论框架，如图 3-1 所示。

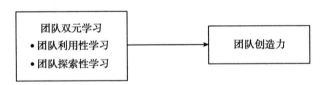

图 3-1　团队双元学习对团队创造力的影响

第二节　知识创造的中介作用

一、团队双元学习对知识创造的影响

从组织学习理论和知识创造理论的视角来看，两个理论具有共同的基础，因为两者的研究内容都与知识紧密相连（Brix，2017；Crossan & Berdrow，

2003；Easterby-Smith et al.，2000）。学习和知识的关系可以被认定为知识是通过学习过程创造出来的，而相同的知识会影响不同聚合水平上的学习；知识是作为学习过程的一部分而创造的动态内容或"库存"，同样的知识影响组织内多层次的学习过程（Easterby-Smith & Lyles，2011；Maurer et al.，2011），学习和知识在一个迭代、相互加强的过程中交织在一起。当学习（过程）产生新的知识（内容）时，知识会影响未来的学习（Jakubik，2008）。因此，从宏观理论层面来说，积极的学习会对知识创造产生正向的影响。

团队被认为是现代组织中主要的学习和知识创造单元（Edmondson，2002），团队在个人知识转化为组织知识、隐性知识转化为显性知识的过程中起着重要的桥梁作用；团队往往通过对已有知识进行精炼、重组和利用（利用性学习）以及寻找、实验和开发新知识（探索性学习）来实现这一作用（Kostopoulos & Bozionelos，2011；赵红丹、刘微微，2018）。通过寻求反馈或寻求帮助等学习行为，团队成员可以反思他们对任务的理解（任务相关知识），并更好地理解团队成员（团队相关知识），针对任务和目标开展的学习行为越多的团队则会在团队知识创造方面表现得越出色（Cauwelier et al.，2019）。

对于知识创造概念的界定分为过程论（Nonaka，1994；Nonaka et al.，2000；Mitchell & Boyle，2010；Smith, Collins & Clark，2005；Wang & Noe，2010）、结果论（Canonico et al.，2020；Liao & Phan，2016；Popadiuk & Choo，2006）、能力论（Kostopoulos & Bozionelos，2011；陈家昌、赵澄谋，2016；罗瑾琏等，2015；赵炎等，2021）三种情况；其中，持能力论的学者把知识创造看作一种创造新知识的能力。本书对知识创造的界定偏向于能力论，是指团队以积极的交流沟通为基础通过利用性学习和探索性学习而进行的新知识产生、发展和利用的能力。探索是指追求和获取新知识，有利于知识创造能力的提升；而利用更偏重于对已有知识的整合运用，同样促进知识创造力的提高（Gupta et al.，2006）。罗瑾琏等（2015）认为，在团队创新过程中，创意产生所代表的知识创造阶段对应于探索式创新，创意执行所代表的知识整合对应于利用式创新。而 Khedhaouria 和 Jamal（2015）则认为，利用性学习可以看作对知识的重用，团队成员的知识重用可以增加他们的知识创造。团队的知识重用主要通过两种方式刺激创新过程以增强知识创造：一是通过复制知识并创造性地使用；二是通过重新审视和适应知识进而产生全新的解决方案（Majchrzak et al.，2004）。由此可见，利用性学习也可以积极影响知识创造。

此外，March（1991）认为，双元学习是基于组织学习理论的一种学习机制，探索性学习和利用性学习均有利于新知识的产生。在情境双元视角下，团队双元学习的两个维度之间具有紧密的关系，团队利用性学习通过对已有知识的提炼、筛选可以增加团队成员之间的互动、整合，为新知识的创造打下基础；团队探索性学习则通过搜索、实验等方式发现新的知识，进而充实团队知识储备，为利用性学习提供内容，也为知识的创造积蓄力量。因此，情境双元理论（Lavie et al.，2011；Lavie & Rosenkopf，2006）认为，团队利用性学习和团队探索性学习二者是相互更迭的过程，均可对知识创造产生积极影响。

根据以上阐述，本书提出以下假设：

假设2：团队双元学习对知识创造能产生正向影响。

假设2a：团队探索性学习对知识创造能产生正向影响。

假设2b：团队利用性学习对知识创造能产生正向影响。

二、知识创造对团队创造力的影响

在现代组织中，知识管理系统发挥着越来越重要的作用，组织可以通过知识管理系统更快地获取和转移新知识，知识可以通过有效的知识管理实践而不断发展。这些实践包括知识创造、知识保存、知识转移和知识应用等，每一种实践活动都可以通过促进知识的产生、获取、共享和利用来影响个人的创造力水平，从而激发出独创性的想法、提高创造力（Khedhaouria & Jamal，2015；Phipps & Prieto，2012）。在知识管理过程中，知识创造是其中重要的一个环节（Nonaka，1994；Nonaka et al.，2000），知识创造是团队创造力的重要来源，知识创造获取的知识的质和量影响着团队创造力的高低（韵江等，2015）。在学习过程中，团队成员往往会从团队内外部的其他人那里分享知识、学习互补的技能，通过团队领导的激励运用他们的知识和技能实现共同的目标，同时提高团队的创造力（Wu et al.，2017）。知识的增长是通过建立社会关系来实现的，有效的团队合作、知识协调和知识创造被认为是现代组织中提高团队效率和创造力的重要来源，仅仅与团队成员共享知识是不够的，除非以有意义的方式整合现有知识，以创造新知识来应对不断变化的挑战。重新整合现有的知识以创造全新的知识体系，可以显著提高创造性成果，从而促进创造力的提升（Cao & Ali，2018；Phipps & Prieto，2012）。

在理论研究过程中，学者们不断地探寻知识创造的作用机制。Nonaka（1994）将其分为了社会化（Socialization）、外部化（Externalization）、组合化（Combination）、内部化（Internalization）四个维度（SECI 模型），后续的学者们对其作用机制进行了验证（Kao & Wu，2016；Muthuveloo et al.，2017；Tsai & Li，2007）。知识创造过程的这四个方面使组织更加敏捷，为组织提供了实验新想法和承担风险的"选择权"。丰富的知识储备可以显著促使组织更具创造性，从而提高创造力（Chang et al.，2014）。知识创造的 SECI 模型促进了现有知识向新知识的转移和转化，从而为创造力的提高奠定基础（Balde et al.，2018）。Chung 等（2019）认为，知识创造过程中产生的新知识能够发展出更好的程序，使操作更加高效。随着组织从新产生的知识中学习，它们不仅改进了现有流程，还发展了动态能力，将知识整合到新的解决方案和新产品、新服务中，因此知识创造可通过提高组织敏捷性来增强组织创造力。

从以上分析可以看出，知识创造和创造力之间具有积极的影响，但具体知识创造是如何提升创造力的却少有文献进行研究。Choi 和 Lee（2015）在理论上提出了一个基于仿真实验揭示创造力提升过程的知识创造模型，该模型解释了如何通过平衡团队利用性学习和探索性学习来进行知识创造。团队创造力水平的提高则通过利用性学习和探索性学习所创造的知识水平来实现。在这一过程中，团队通过有效的管理对有限资源进行分配，从而保持探索和利用之间的平衡，以使短期目标（业绩）和长期目标（可持续性）可以同时实现，在这一过程中，团队通过利用现有知识和解决方案创造知识并逐步积累知识，注重通过探索未知知识和解决方案来创造新知识，从而不断增强团队创造力。

综上所述，基于团队的知识创造有利于提高团队创造力，本书提出以下假设：

假设 3：知识创造对团队创造力能产生正向影响。

基于中介效应的基本原理，由假设 1a、假设 1b、假设 1、假设 2a、假设 2b、假设 2 以及假设 3 可知，知识创造在团队双元学习对团队创造力的影响中起到中介作用。综上，本书提出以下假设：

假设 4：知识创造在团队双元学习对团队创造力的正向影响中起到中介作用。

假设 4a：知识创造在团队探索性学习对团队创造力的正向影响中起到中介作用。

假设 4b：知识创造在团队利用性学习对团队创造力的正向影响中起到中介作用。

根据假设 1、假设 1a、假设 1b、假设 2、假设 2a、假设 2b、假设 3、假设 4、假设 4a、假设 4b，提出知识创造在团队双元学习对团队创造力的影响中的中介作用理论框架，如图 3-2 所示。

图 3-2　知识创造在团队双元学习对团队创造力的影响中的中介作用

第三节　知识共享的调节作用

知识共享和知识创造是组织中进行知识管理的两个重要过程，是组织知识应用、组织创新，以及提升智力资本进而最终提升企业竞争优势的重要活动（Akhavan et al.，2012），新的知识获取和共享阶段代表了组织整体知识创造过程的开始，在这一过程中员工更喜欢获得知识并与团队成员分享知识，从而增强了团队合作和协同效应（Liu & Liu，2008）。当知识所有者不愿意分享时，知识转移就会失败，知识创造也不可能发生（Nonaka，1994）。Suorsa（2015，2017）认为，企业内部员工之间的沟通与交流实现了知识创造，因为在沟通中实现了互相学习。Grant（1996）认为，团队学习尽管最终还是立足于个体的学习，但团队层面的协作要远胜过个体所知所做，团队知识共享既是一个集体的认知发展过程，又是一个集体成员交互作用的过程。Wright（1995）同样研究发现，团队工作最基本的好处是团队成员知识的互补，可以促进新知识在个体成员间转移，并产生协同效应，使新知识在组织层面产生群体知识。

对于个人而言，基于资源保存理论和社会经济视角，知识的分享会牵涉个人的损益，会有消极影响（Sedighi et al.，2016），而对于团队和组织而言则产生积极的正面影响，有利于团队和组织创新行为的产生和创新绩效的提高（Alsharo et al.，2017；Dong et al.，2017；Kang & Lee，2017；Madrid et al.，2016；Mura et al.，2016；Vandavasi et al.，2020；Yi et al.，2019）。知识只有通过充分的内部分享形成有效的流动，才能切实转化为突破性技术创新能力（刘海运、游达明，2011）。例如，Srivastava 等（2006）的研究证明，知识共享对团队绩效至关重要，因为它使团队成员能够利用团队中现有的知识库，来提高他们更有效地利用不同类型专业知识的能力。组织在知识创造中的作用是创造条件使个人、团体、组织或组织间的知识创造成为可能，具体表现为两个方面：一是明确组织意图，指导个人和团队获取的新知识具有相关性和有用性；二是鼓励个人和团队共享信息（Popadiuk & Choo，2006）。知识共享创造了必要的多样性，帮助组织及团队获取丰富的外部信息，促进信息流动从而提升新知识创造产生的可能性（Yi et al.，2019）。知识创造是企业和团队发展最重要的行为过程，因为它带来了最多的创新，而知识的价值创造取决于整个组织和团队中人们共享知识和技能的水平。因此，大多数企业都注重提高知识共享能力，知识共享作为一种知识整合机制，可以促进合作，有利于新思想和知识的产生（Akhavan et al.，2012；Wang et al.，2014；Zhang et al.，2011）。

双元性组织通过营造不断学习的氛围鼓励员工进行知识的获取、传播和整合；支持和激励组织成员基于共同的组织目标，主动参与资源的互换共享，促进共赢合作（Teo et al.，2006）。知识的共享可以节省更多寻求知识的时间，提升团队学习效率，从而加速知识创造进程。团队利用性学习是对已有知识的开发利用，强调知识的积累；团队探索性学习强调对新知识的获取，探索新知识的过程同样需要团队内部知识的整合、共享支持。因此，无论是团队探索性学习还是利用性学习的开展，均需要团队知识库以及团队成员之间的交流作为支撑。不同信息的交换有利于挖掘团队内可利用的知识和技能，激活团队内部的知识储备，使团队能有更充足的知识来进行创新（Gardner et al.，2012）。团队知识库为团队成员提供了更多获取有用知识的机会，可以通过更丰富的认知资源和多样化的方法来重组现有的信息和想法（Dong et al.，2017）；团队知识共享为团队成员带来了补充性的资源，扩大了知识储备，推动了团队创新活动的开展，有利于团队知识创造的实现。Safdar 等（2021）认为，知识共享可能对研发团队尤为重要，因为这些团队成员需要依靠高质量的信息交流来解决复杂问题，并定期开发新产品和服务。

此外，将知识共享作为团队情境因素考虑的学者认为，知识共享是团队内部互享资源的氛围营造（Dong et al.，2017；Lee & Song，2020）。团队知识共享将通过为员工提供有用的知识资源以及增进团队成员之间的理解来促进员工的工作创造。在高水平的团队知识共享下，团队成员可以得到有益的意见和讨论，这有利于他们学习活动的开展；同样，在高水平的知识共享下，团队成员公开分享知识和信息，可促进积极的团队氛围形成，团队成员之间的联系会更为紧密（Lee & Song，2020），这种团结互助的情境氛围有利于团队双元学习的高效开展。同时，当员工通过分享获得知识时，他们将对实施创新行为更有信心。员工将通过与他人分享知识、自己获取新知识以及检查和更新现有知识来增强其创造性自我效能感（Hu & Zhao，2016）。知识共享是团队中相互协作、相互促进的重要活动，不同的专业知识在团队成员之间传递，有助于创造性地开展工作和产生新知识（Gong et al.，2013；Hargadon & Bechky，2006；Huang et al.，2014）。基于以上的阐述，本书提出如下假设：

假设5：知识共享能调节团队双元学习对知识创造的正向影响。

假设5a：知识共享能调节团队探索性学习对知识创造的正向影响。

假设5b：知识共享能调节团队利用性学习对知识创造的正向影响。

根据假设5、假设5a、假设5b，本书提出知识共享在团队双元学习对知识创造影响中的调节作用理论框架，如图3-3所示。

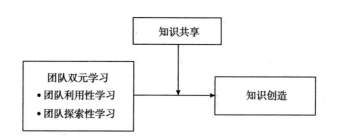

图3-3　知识共享在团队双元学习对知识创造影响中的调节作用

第四节　团队心理资本的调节作用

心理资本是现代组织中提升竞争优势的重要资本之一，随着研究的深入，对心理资本的研究逐渐由个体层面向团队、组织层面延伸（Luthans et al.，

2004；Luthans & Youssef-Morgan，2017）。团队心理资本是指一个群体共同的心理发展状态，其特征是希望、效能、乐观和韧性（Peterson & Zhang，2011）。虽然对团队心理资本概念的界定有所差异，但学界均认为它是团队成员共享的集体心理状态（Dawkins et al.，2015；Heled et al.，2016）。团队心理资本的输出结果和团队行为密切相关，影响着团队绩效（Rebelo et al.，2018；Rego et al.，2019；徐礼平、李林英，2019）和团队创造力（Goncalves & Brandao，2017；Wu & Chen，2018；陈慧等，2021）水平的高低。

研究表明，心理安全可使参与学习行为的感知风险最小化，在团队心理安全度高的团队中，提出学习问题的成员不会被批评，而是把提出问题视为团队学习的过程，更有助于创新行为的产生（Cauwelier et al.，2019）。创造过程（包括知识创造）需要不断的努力，员工必须表现出强大的心理力量来坚持他们的行动过程（Amabile et al.，1996；Huang & Luthans，2015）。正如 Zhang 和 Bartol（2010）所建议的，在最终产生新的和适用的想法之前，这种连续的创造过程要求员工在心理上保持积极和适应性，以掌握这一过程的变幻莫测，并处理不可避免的挫折。Sweetman 等（2011）认为，心理资本可视为一种机制，当员工在理解信息线索和寻找可用解决方案方面有困难时，这些资源可以帮助员工在心理上管理他们的行动过程。心理资本可促进更有效的问题解决和潜在的创新行为，因积极情绪而拓宽的"思维—行动库"和扩大的心理资源存量，对问题的解决和潜在的创新行为的增强尤为重要。这证实了一个观点，即员工在积极的环境和心态中更有创造力（Luthans et al.，2011）。

团队探索性学习的过程包含了高度的不确定性，具有冒险性，团队心理资本可以帮助团队减轻对他人负面判断的担忧，有利于团队探索性学习的开展，从而促进创新想法的实践（Tho & Duc，2021）。另外，高水平的团队心理资本可以为团队营造积极的团队氛围，有助于团队功能的发挥（Dawkins et al.，2021），这种和谐、宽松的环境有助于进行开放性讨论和产生创新性思维，而无须担心制裁或惩罚；提倡对现有知识和既定惯例进行"挑战"，从而增强探索性学习活动（Edmondson，1999，2002）。由此可见，团队心理资本为高质量的团队探索性学习提供了高水平的心理支持和氛围营造，提高了知识创造效能。此外，高效的团队利用性学习需要以现有充足的知识作为支撑，对团队成员的关系质量有着更高的要求（Kostopoulos & Bozionelos，2011；Wong，2004）。高团队心理资本的团队成员有着希望、效能、乐观和韧性的共享集体心理状态，积极的工作环境鼓励团队成员抛开对机会主义的恐惧，有助于形成高质量的团队关系，促进团队成员公开分享他们现有的知识和技能，提高团队利用性学习对知识创造的影响水平（Choo et al.，2007）。

综上所述，团队心理资本不仅可以有效调节团队探索性学习对知识创造的正向影响，也可以有效调节团队利用性学习对知识创造的正向影响。基于此，本书提出以下假设：

假设6：团队心理资本能调节团队双元学习对知识创造的正向影响。

假设6a：团队心理资本能调节团队探索性学习对知识创造的正向影响。

假设6b：团队心理资本能调节团队利用性学习对知识创造的正向影响。

根据假设6、假设6a、假设6b，本书提出团队心理资本在团队双元学习对知识创造影响中的调节作用理论框架，如图3-4所示。

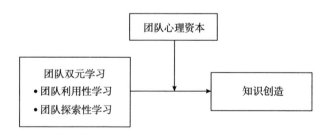

图3-4 团队心理资本在团队双元学习对知识创造影响中的调节作用

第五节 本章小结

本章以相关变量间的文献研究成果为依据，通过相互关系的阐述，首先，提出了主效应中前因变量对结果变量的作用关系，即团队双元学习对团队创造力能产生正向影响关系假设。其次，阐述了知识创造变量在团队双元学习对团队创造力关系间的中介效应，通过论证提出了团队双元学习对知识创造能产生正向影响假设。知识创造对团队创造力能产生正向影响，依据中介效应的原理，最终提出了知识创造在团队双元学习对团队创造力影响中起到中介作用的假设。最后，提出了知识共享、团队心理资本在团队双元学习与知识创造间的调节作用假设，本书共计提出了 16 个相关假设。根据提出的假设关系，绘出了本书的整体模型结构图，如图 3-5 所示。

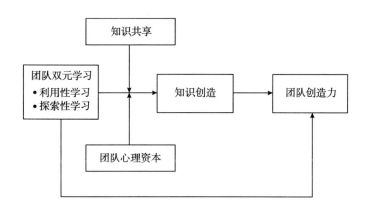

图 3-5 团队双元学习对团队创造力影响机制模型结构

根据模型结构图可知，本书以团队双元学习对团队创造力的影响作用为主效应，以知识创造为中介变量，揭示了团队双元学习对团队创造力影响的中间机制，探究了在团队双元学习增强团队成员的知识创造能力的过程中，随着知识创造能力的提升，团队成员的创造力也得到了发展。此外，本书引入知识共享、团队心理资本作为调节变量，完善了影响知识创造变量的边界条件。知识共享作为团队内部共享资源的氛围营造，不仅可以为团队成员提供更丰富的"知识库存"，而且可以增进相互理解和支持，有利于团队双元学习的高效开展，促进知识创新行为的产生；团队心理资本可使参与学习行为和开展创新的感知风险最小化，为团队双元学习进行知识创造的过程中提供高水平的心理支持和氛围营造，并且团队心理资本有利于形成高质量的团队关系，促进团队成员公开分享他们现有的知识和技能，从而提高知识创造效能。

第四章　研究设计与数据分析

第一节　研究设计

本章主要对自变量团队双元学习、中介变量知识创造、调节变量知识共享和团队心理资本、因变量团队创造力以及控制变量的具体观测题项分别阐述；对小样本采集数据进行探索性因子分析，并根据分析结果对量表进行适当调整；对正式调研的数据进行样本的统计说明，并采用验证性因子分析对量表的信效度进行评估。

一、模型变量测量

基于第二、三章的阐述可知，本书所构建的模型中的变量包括：

第一，自变量。本书中所构建的自变量为团队双元学习，并将团队双元学习分为团队探索性学习和团队利用性学习两个维度，将两者的概念界定为：

团队探索性学习指的是帮助团队寻找、实验和开发新知识的活动；团队利用性学习描述的是使团队精炼、重组和实践现有知识的活动。

第二，中介变量。本书中所构建的中介变量为知识创造，将知识创造的概念界定为：团队以积极的交流沟通为基础通过利用性学习和探索性学习而进行的新知识的产生、发展和利用的能力。

第三，调节变量。本书中所构建的调节变量为知识共享和团队心理资本，将两个变量的概念界定为：团队知识共享是团队成员愿意相互分享与团队任务相关的显性知识和隐性知识的程度；团队心理资本是团队成员就团队共享的积极心理资本所达成一致的集体心理状态。

第四，因变量。本书中所构建的因变量为团队创造力，将团队创造力的概念界定为：团队成员通过团队内部学习和交流将知识转化为有关产品、服务、流程和程序的新颖和有用的想法。

第五，控制变量。本书中所构建的三个控制变量，即团队规模、团队任期、团队成员教育水平。

现将本书中的相关变量汇总如表4-1所示。

表4-1　本书所构建的模型变量

变量类型	变量名称
自变量	团队双元学习：团队探索性学习、团队利用性学习
中介变量	知识创造
调节变量	知识共享、团队心理资本
因变量	团队创造力
控制变量	团队成员教育水平、团队规模、团队任期

（一）自变量的测量

以往关于双元性的研究大多集中于组织层面，不同层次的分析限制了研究人员的研究重点，并产生了对结构的不同解释（Li et al.，2008）。本书的定位是双元学习的团队层面，主要参考了 Kostopoulos 和 Bozionelos（2011）关于团队双元学习的测量题项，并且该研究对测量题目进行了探索性因子分析和验证性因子分析。该量表共计题项 10 个，其中反映团队探索性学习的题项为 5 项（见表 4-2）；团队利用性学习的题项为 5 项（见表 4-3）；Cronbach's alpha 分别为 0.93 和 0.92，每个题项均采用 Likert 7 点记分。Zhao 等（2020）利用 6 家中国企业 140 个团队的多时间、多来源数据，对该量表在中国情境下的适用性进行了检验。该研究中团队探索性学习量表的 Cronbach's alpha 值为 0.89，团队利用性学习的量表 Cronbach's alpha 值为 0.81。

表 4-2　团队探索性学习的测量题项

编号	题项
TTS1	团队成员在项目过程中系统地寻找新的可能性
TTS2	团队成员为复杂的问题提供新的想法和解决方案
TTS3	团队成员尝试了新的和创造性的方法来完成工作
TTS4	团队成员评估了关于项目过程的各种选项
TTS5	团队成员在项目过程中开发了许多新技能

资料来源：根据 Kostopoulos 和 Bozionelos（2011）的研究成果整理。

表 4-3　团队利用性学习的测量题项

编号	题项
TLY1	为了完成工作，团队成员重组了现有的知识
TLY2	在我们的团队中，我们主要进行日常活动
TLY3	在项目期间，团队实施了标准化的方法和常规的工作实践
TLY4	在项目期间，团队成员改进和完善了现有的知识和专业技能
TLY5	团队成员主要使用当前的知识和技能来完成他们的任务

资料来源：根据 Kostopoulos 和 Bozionelos（2011）的研究成果整理。

（二）中介变量的测量

在以往的研究中对知识创造的测量大致分三种方式：第一种是根据 SECI 模型中知识创造的四个过程进行题项设置来进行测量（Kao & Wu，2016；Muthuveloo et al.，2017；Tsai & Li，2007）；第二种是根据组织中成员的论文发表、专利发明等产出的数量来进行衡量（Canonico et al.，2020；Liao & Phan，2016；Popadiuk & Choo，2006；汤超颖、丁雪辰，2015；张鹏程等，2016）；第三种是直接从知识创造本身出发，根据其界定的含义、特征等方面设置题项进行测量。本书采用了第三种测量方法，主要根据 Choo 等（2007）的研究中对知识创造的测量题项，共计三个题项，Cronbach's alpha 值为 0.78；其中，前两个题项由 Choo 等（2007）设计，后一个题项改编自 Roth 和 Jackson（1995）的知识量表。本书中知识创造的题项如表 4-4 所示，每个题项均采用 Likert 7 点记分。

表 4-4　知识创造的测量题项

编号	题项
KC1	我们团队进行的项目增强和丰富了团队执行未来工作的能力和知识
KC2	我们团队在这个项目中找到的解决方案对公司来说显然是独特和新颖的
KC3	我们团队在做这个项目时产生了许多新的想法

资料来源：根据 Choo 等（2007）以及 Roth 和 Jackson（1995）的研究成果整理。

（三）调节变量的测量

1. 知识共享的测量

在本书中，知识共享被界定为团队成员愿意相互分享与任务相关的显性知识和隐性知识的程度。因此，关于知识共享的测量题项主要参考了 Bock 等（2005）的研究成果。Bock 等（2005）用五个题目来测量在组织环境中分享知识的意愿，Cronbach's alpha 值为 0.92。Choi 等（2010）以 Bock 等

（2005）知识共享意愿量表为借鉴，编制了三项团队知识共享量表（KS），以衡量个人对团队成员分享不同形式知识的程度的感知，Cronbach's alpha 值为0.88。根据前述的两项研究，本书借鉴了 Choi 等（2010）的研究，将 Bock 等（2005）测量知识共享意愿的五个题目，转化为测量知识共享变量的相关题项，如表 4-5 所示，每个题项均采用 Likert 7 点记分。

表 4-5　知识共享的测量题项

编号	题项
KS1	我们团队成员愿意与其他团队成员分享他们的工作报告和公司文件
KS2	我们团队成员愿意为其他团队成员提供他们的工作手册和方法
KS3	我们团队成员愿意与其他团队成员分享他们的工作经验或诀窍
KS4	我们团队成员总是会应其他团队成员的要求提供他们所知道的相关信息
KS5	我们团队成员总是会与其他团队成员分享他们教育或培训经验

资料来源：根据 Bock 等（2005）、Choi 等（2010）的研究成果进行整理。

2. 团队心理资本的测量

团队心理资本是一个二级结构，本书主要参考了 Luthans 等（2007）中的测量条目，根据参照转移方法（Chan，1998）将个体心理资本的测量条目用来衡量团队层面的心理资本水平，并借鉴了 Dawkins 等（2021）、Tho 和 Duc（2021）及洪雁（2012）的做法，最终形成了 8 个观测题目，如表 4-6 所示，题项测量方法均采用 Likert 7 点记分法。

表 4-6　团队心理资本的测量题项

编号	题项
TPC1	我们团队成员都相信自己对部门的发展有贡献
TPC2	我们团队成员都相信自己能够协助上司设定部门目标
TPC3	我们团队成员能够想出很多办法来达成部门目标

续表

编号	题项
TPC4	我们团队成员能够想出很多办法来帮助部门摆脱困境
TPC5	我们团队成员对自己工作中未来会发生什么都很乐观
TPC6	我们团队成员总是看到自己工作中积极的一面
TPC7	我们团队成员通常都对工作中的压力泰然处之
TPC8	我们团队成员在工作中遭遇挫败都能够很快重新振作

资料来源：根据 Chan（1998）、Dawkins 等（2021）、Tho 和 Duc（2021）、洪雁（2012）的研究成果进行整理。

（四）因变量的测量

团队创造力变量的测量题项，主要借鉴了 Shin 和 Zhou（2007）的研究成果，该量表共有四个题项，用来衡量在研发环境中团队创造力的三个方面，即想法的新颖性、想法的重要性和想法的有用性（Amabile et al.，1996），Cronbach's alpha 值为 0.79。Zhao 等（2020）利用 6 家中国企业 140 个团队的多时间、多来源数据，进一步验证了该测量题项在中国情境下的实用性，测得的 Cronbach's alpha 值为 0.87。对每一个项目都要求团队的主管领导进行评价，在创造力和创新文献中，由主管进行评价的方式已被广泛使用和接受（Zhou & Hoever，2014；Zhou & Shalley，2011）。在本书中，关于团队创造力的题项改编如表 4-7 所示，每个题项均采用 Likert 7 点记分。

表 4-7 团队创造力的测量题项

编号	题项
TC1	你的团队产生新想法的能力很强
TC2	那些新想法很有用
TC3	你认为你的团队很有创造力
TC4	你团队的新想法对企业很重要

资料来源：根据 Shin 和 Zhou（2007）、Zhao 等（2020）等研究成果进行整理。

（五）控制变量的测量

本书选取团队成员教育水平、团队规模、团队任期作为控制变量。据已有的研究证明，团队规模、团队任期对团队过程和团队创造力有影响（Li et al.，2017；Shin & Zhou，2007；Tho & Duc，2021；Tsai & Li，2007；Zhao et al.，2020）；此外，团队成员教育异质性对团队创造力也有显著影响（Shin & Zhou，2007；刘泽双、杜若璇，2018；孙金花等，2020），因此本书将团队成员的教育水平也作为了控制变量。

1. 团队成员教育水平

以团队中成员的学历水平来衡量，共分成6个类别，从大专以下到博士，依次取值为1~6。

2. 团队规模

以团队中的员工数量来衡量，分成5个类别：团队人数5人及以下的取值为1，6~10人的取值为2，11~15人的取值为3，16~20人的取值为4，21人及以上的取值为5。

3. 团队任期

团队任期以工作时间来衡量，分为5种类型：工作时间为半年以下的取值为1，半年至1年取值为2，1~2年取值为3，2~3年取值为4，3年以上的取值为5。

二、预调研样本说明与探索性因子分析

（一）预调研样本数据的说明

从上述的量表设置过程可知，初步形成的调查问卷对于各个变量的测量题项均来自以往研究中的成熟量表，但这些量表多为在国外文化情境下的研究成果，对于其在中国企业中是否符合研究要求尚需验证，例如是否存在语

义表述模糊、不恰当的问题，是否存在量表题项不合常规或者存在暗示性信息的问题。因此，在正式开展大规模调研前，为确保各个变量的测量量表保持很好的信度和区别效度，从而能够满足后续研究的需要，本书进行了预调研，根据调研中获取的有效信息对问卷做进一步的完善，使问卷更为科学合理。

小样本预调查是在 2021 年 3 月开展的，主要选取了河南省的 5 家企业，所选取企业分属化工业、制造业等不同行业，采用实地调查的方式，在选定的企业中抽取 4~5 个团队，再从每个团队选取 3~10 人对问卷进行填写。本次小样本采集共分发纸质问卷 120 份，回收问卷 103 份，剔除存在漏答、所有选项均选同一项以及存在明显问题的问卷 7 份，共计回收有效问卷 96 份，有效回收率为 80%。

（二）探索性因子分析

由前文可知，初步形成的调查问卷中各变量的测量题项均来自信效度较高的成熟量表，其在国外文化背景下的适用性已经得到了验证，但为了研究的严谨性，对于其在中国企业中是否符合研究要求尚需验证，因此有必要对小样本测试数据进行探索性因子分析。

首先，对于采集数据是否可进行探索性因子分析进行检验。吴明隆（2003）认为，当 KMO>0.7，Sig. <0.05 时，显示该组数据具有较好适合度以进行探索性因子分析。经检验，量表的 KMO 值为 0.875，显著性为 0.000，如表 4-8 所示，说明预调研数据适合度良好，适合进行探索性因子分析。

表 4-8　KMO 和 Bartlett 球形检验结果

KMO 检验		0.875
Bartlett 球形检验	近似卡方值（χ^2）	6142.102
	自由度（df）	1347
	Sig.	0.000

资料来源：根据检测结果整理。

其次，检验预调研中问卷的信度表现。信度（Reliability）通常用来衡量量表在具体使用时的稳定性，一般用来反映样本数据是否真实可靠。本书选用内部一致性（Cronbach's alpha）来表示问卷的信度水平，此值一般大于0.7即可（周俊，2019）。本书借助 SPSS23.0 软件分别对六个变量做信度检验。经检验得出，团队探索性学习、团队利用性学习、知识创造、知识共享、团队心理资本、团队创造力的 Cronbach's alpha 分别为 0.910、0.912、0.852、0.861、0.825 和 0.858，都高出了 0.7 的界限值。结果表明，六个变量的测量量表具有良好的信度，符合量表的统计测量要求。

最后，检验预调研数据的效度表现。本书利用主成分分析法，对问卷中各变量的区分效度进行检验，使用普遍采用的最大方差法进行因子空间旋转，得到六个变量的因子载荷矩阵，见表 4-9。从表 4-9 可知，同属一个变量的题项有明显的聚集性，并且在各自变量上的因子载荷均超过 0.7，没有出现跨负荷的题项。因此，本书根据成熟量表设计的测量题项，信度和效度均符合统计测量要求，无须对各测量变量的题项进行删除。在预调研的过程中，根据所测对象的反馈情况，对测量题项的顺序、文字表述等进行了部分修正。

表 4-9　探索性因子分析结果

变量名称	题项	因子						α 系数
		1	2	3	4	5	6	
1. 团队探索性学习	TTS1	**0.76**	0.07	0.10	-0.06	-0.12	-0.18	0.910
	TTS2	**0.83**	0.08	0.07	0.05	-0.29	-0.15	
	TTS3	**0.80**	0.06	0.06	0.04	-0.24	-0.18	
	TTS4	**0.77**	0.31	0.18	-0.06	-0.12	-0.05	
	TTS5	**0.81**	0.06	0.04	-0.07	-0.09	0.04	
2. 团队利用性学习	TLY1	0.04	**0.72**	0.04	0.12	0.07	0.15	0.912
	TLY2	0.03	**0.78**	0.06	0.07	0.07	0.08	
	TLY3	0.07	**0.75**	0.02	0.03	0.21	-0.07	

续表

变量 名称	题项	因子						α系数
		1	2	3	4	5	6	
3. 团队利 用性学习	TLY4	0.34	**0.74**	0.08	0.07	0.20	0.08	0.912
	TLY5	0.20	**0.77**	0.06	0.03	0.07	0.06	
4. 知识 创造	KC1	−0.12	0.04	**0.75**	0.07	−0.14	−0.08	0.852
	KC2	0.13	0.05	**0.80**	0.04	−0.04	−0.13	
	KC3	−0.17	0.08	**0.83**	0.03	−0.06	0.07	
5. 知识 共享	KS1	−0.07	0.07	−0.02	**0.76**	−0.25	0.08	0.861
	KS2	0.08	0.02	0.04	**0.82**	0.05	0.13	
	KS3	0.12	0.04	−0.05	**0.84**	0.09	0.13	
	KS4	0.12	0.02	0.02	**0.76**	0.06	−0.12	
	KS5	0.08	0.05	−0.06	**0.83**	0.02	−0.08	
6. 团队 心理 资本	TPC1	0.09	0.023	−0.03	0.02	**0.85**	0.17	0.825
	TPC2	0.05	−0.05	−0.05	0.08	**0.72**	0.12	
	TPC3	−0.06	0.07	−0.04	0.05	**0.86**	0.08	
	TPC4	−0.04	0.04	−0.07	0.06	**0.84**	−0.02	
	TPC5	0.03	0.05	−0.09	0.07	**0.83**	−0.07	
	TPC6	−0.06	−0.08	0.06	−0.08	**0.77**	0.05	
	TPC7	0.07	−0.04	0.08	−0.04	**0.77**	0.08	
	TPC8	−0.06	−0.07	−0.08	0.05	**0.83**	0.03	
7. 团队 创造力	TC1	0.10	−0.04	0.03	0.06	−0.09	**0.83**	0.858
	TC2	0.09	0.03	−0.02	0.08	0.03	**0.82**	
	TC3	−0.08	−0.05	0.08	0.04	−0.10	**0.78**	
	TC4	−0.07	0.15	−0.22	0.09	0.06	**0.76**	

资料来源：笔者依据检验结果进行整理。

三、正式调研过程说明与样本数据特征

（一）调研过程说明

本书的正式调研开始于 2021 年 5 月，结束于 2021 年 9 月，历时 5 个月。胡在铭（2016）将河南省 18 个地级市的创新能力大致分为四个梯队，本书根据其研

究成果，分别在四个梯队中选取了郑州、洛阳、许昌、周口等城市。为确保数据的真实性和可靠性，本书对抽样方法、调研方式、调研对象进行了界定。

1. 在抽样方法方面

在实际操作过程中不仅要考虑抽样的科学性，也应考虑数据的便利性和可获取性，本书主要采用便利性抽样的样本采集方式。

2. 在调研方式方面

主要采取了两种方式进行问卷调查：第一种是直接发放编码后的纸质问卷，当场作答后回收；第二种是和抽样的企业主管取得联系，利用微信、QQ、邮件等通信工具采用电子问卷的形式进行。此外，为了克服数据同源性误差，问卷中的团队双元学习、知识创造、知识共享、团队心理资本变量的测量项选择由团队普通成员填写，而团队创造力的测量项则由团队的管理者来填写（Zhou & Hoever，2014；Zhou & Shalley，2011）。

3. 在研究对象的选择方面

本书研究的变量为团队双元学习、知识创造、团队心理资本、团队创造力，这些变量的研究主要涉及有研发创新性质的工作，因此在调研企业的选择上，要求被调研的企业具有双元性、创新性的特征，知识密集型行业中的研发和产品开发团队是本书的调查重点。在团队中知识型员工主要包括具有一定的专业技能、专业知识的人员以及中高级管理人员等。因此，依据以上的阐述，研究对象主要集中于共同参与同一任务的团队中的核心专业成员和管理者。

（二）样本数据特征

本调研共计发放问卷 1052 份，调研企业 67 家，回收问卷 932 份。第一种方法是直接发放纸质问卷，共计发放问卷 380 份，回收 356 份；第二种方法是和抽样的企业主管取得联系，利用微信、QQ 等通信工具采用电子问卷的形式进行，共发放问卷 672 份，采用此种方法共计回收问卷 576 份。问卷的总回收率为 88.6%，有效问卷为 867 份，有效回收率为 82.4%，共计有 7 个团队被剔除，完整回收的样本团队共计 136 个，符合学者侯杰泰等（2004）提出的结构方程模型需要 100~200 个样本量的要求，数据的具体情况分析见表 4-10、表 4-11、表 4-12。

问卷被删除的主要原因有以下几方面：回收的个体问卷数量少于 3 份；问卷在回答问题时有明显错误或回答不完整；问卷存在所有题项勾选相同答案的情况。

表 4-10　样本人口特征统计

		人数（人）	比例（%）	累计比例（%）
性别	男	529	61.0	61.0
	女	338	39.0	100
	合计	867	100.0	—
年龄	25 岁及以下	197	22.7	22.7
	26~30 岁	287	33.1	55.8
	31~35 岁	243	28.0	83.8
	36~40 岁	96	11.1	93.9
	40 岁以上	44	5.1	100
	合计	867	100.0	—
学历	大专以下	44	5.1	5.1
	大专	217	25.0	30.1
	本科	420	48.4	78.5
	硕士	138	15.9	94.4
	博士	48	5.6	100
	合计	867	100.0	—
工龄	1 年以下	197	22.7	22.7
	1~3 年	320	36.9	59.6
	3~5 年	163	18.8	78.4
	5~7 年	90	10.4	88.8
	7 年以上	97	11.2	100
	合计	867	100	—

表 4-11　样本团队情况统计

		团队数（个）	比例（%）	累计比例（%）
从事业务	开发新产品/服务	65	47.8	47.8
	营销/销售/市场拓展	36	26.5	74.3
	生产或质量	23	16.9	91.2
	其他	12	8.8	100
	合计	136	100.0	—
团队规模	5 人及以下	47	34.6	34.6
	6~10 人	56	41.2	5.8
	11~15 人	12	8.8	84.6
	16~20 人	15	11.0	95.6
	21 人及以上	6	4.4	100
	合计	136	100.0	—
团队任期	半年以下	11	8.1	8.1
	半年至 1 年	34	25	33.1
	1~2 年	45	33.1	66.2
	2~3 年	25	18.4	84.6
	3 年以上	21	15.4	100
	合计	136	100	—

表 4-12　样本企业情况统计

		企业数（家）	比例（%）	累计比例（%）
企业所属行业分布	信息传输/软件/信息技术服务业	15	22.4	22.4
	科学研究/技术服务业	14	20.9	43.3
	化工业	11	16.4	59.7
	制药业	6	9.0	68.7
	机械制造业	12	17.9	86.6
	批发/零售业	0	0	86.6
	金融业	7	10.4	97.0
	其他	2	3.0	100
	合计	67	100.0	—

续表

		企业数（家）	比例（%）	累计比例（%）
企业性质	国有企业/集体企业	7	10.4	10.4
	私营企业	28	41.8	52.2
	外商独资企业	10	14.9	67.1
	中外合资企业	17	25.4	92.5
	其他	5	7.5	100
	合计	67	100.0	—
企业规模	50人及以下	13	19.4	19.4
	51~100人	24	35.8	55.2
	101~200人	20	29.9	85.1
	201~500人	6	9.0	94.1
	501人及以上	4	5.9	100
	合计	67	100.0	—
企业成立年限	1年以下	7	10.4	10.4
	1~5年	22	32.8	43.2
	6~10年	17	25.4	68.6
	11~15年	13	19.4	88.0
	16~20年	4	6.0	94.0
	20年以上	4	6.0	100.0
	合计	67	100.0	—
企业成长阶段	初创阶段	23	34.3	34.3
	成长阶段	24	35.8	70.1
	成熟阶段	11	16.5	86.6
	转型阶段	9	13.4	100.0
	合计	67	100.0	—

第二节　数据分析与质量评估

一、问卷的信度和效度分析

为了使研究更为严谨、科学，本书通过 AMOS21.0 软件采用验证性因子分析（Confirmatory Factor Analysis，CFA）方法对量表的信度和效度作进一步验证。信度是指，利用一个好的测量工具对同一研究对象进行反复多次测量检验，其测量结果应该始终保持一致才是可信的（Loehlin，2013）。使用AMOSE软件进行验证性因子分析时，量表的信度指标借鉴吴明隆（2013）的做法，以测量指标的信度系数和变量的组合信度系数（ρ_c）来衡量。

量表的效度主要用聚合效度（Convergent Validity）和区分效度（Discriminant Validity）来衡量。聚合效度用平均方差抽取值（Average Variance Extracted，AVE）来表示。Byrne（2013）认为，一般的评判标准是 AVE 值大于0.5，AVE 值平方根大于 0.71。区分效度代表变量间的测量构面具有显著差异性，题项只解释同一个变量且不存在跨因子的情况。本书所采用的检测方法借鉴了 Loehlin（2013）、刘喜怀等（2016）的做法，即用潜在变量的 AVE值的平方根与该变量和其他潜在变量的相关系数进行对比，比对后若前者的值大于后者，说明区分效度较好。

（一）双元学习量表信度和效度分析

根据前文对双元学习理论的梳理可知，本书将团队双元学习分为团队探索性学习、利用性学习两个维度，采用 AMOS21.0 软件对团队双元学习量表构建结构方程模型，进行 CFA 分析，得到团队双元学习验证性因子分析模型，如图 4-1 所示。

1. 信度分析

由图 4-1 可知，团队探索性学习和团队利用性学习的各测量题项的影响负荷量均大于 0.45，在 0.84~0.91 区间，说明各测量题项对该变量的解释度很高。根据前文所描述的计算方法，计算结果如表 4-13 所示。由前文阐述可知，测量指标的信度系数 $R^2 > 0.5$ 则表示该测量题项的信度较好；组合信

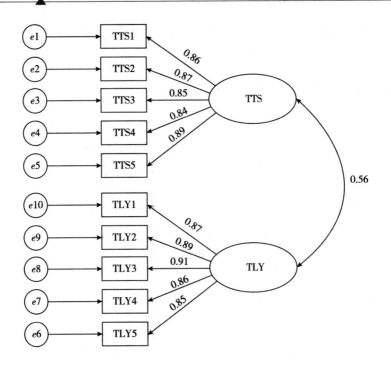

图4-1 团队双元学习验证性因子分析模型

度系数 $\rho_c > 0.7$，则表示该测量模型具有良好的结构信度。由表4-13可知，各测量项的信度系数在0.71~0.83区间，说明两个变量的测量题项具有较好的信度水平；团队探索性学习、利用性学习量表题项的组合信度系数均为0.940、0.942，说明两个变量的测量题项结构信度良好。

表4-13 团队双元学习两个测量维度的信度和收敛效度分析

潜在变量		题项	因素负荷量	指标信度	组合信度	平均方差抽取值
团队双元学习	团队探索性学习	TTS1	0.86	0.74	0.940	0.743
		TTS2	0.87	0.76		
		TTS3	0.85	0.72		
		TTS4	0.84	0.71		
		TTS5	0.89	0.79		

潜在变量		题项	因素负荷量	指标信度	组合信度	平均方差抽取值
团队双元学习	团队利用性学习	TLY1	0.87	0.76	0.942	0.768
		TLY2	0.89	0.79		
		TLY3	0.91	0.83		
		TLY4	0.86	0.74		
		TLY5	0.85	0.72		

2. 效度分析

由表4-13可知,团队探索性学习和团队利用性学习的平均方差抽取值分别为0.743、0.768,均大于0.5,说明两个潜在变量具有较好的聚合效度。由表4-14计算结果可知,团队探索性学习的AVE值的平方根为0.862,团队利用性学习的AVE值的平方根为0.876,均大于二者的相关系数0.56。由此得出,两个潜在变量具有较好的区分效度。

表4-14 团队双元学习两个测量维度的区分效度结果

	团队探索性学习	团队利用性学习
团队探索性学习	0.862	
团队利用性学习	0.56**	0.876

注:①对角线上的数字为AVE的平方根;对角线下方的数字为相关系数。②**表示变量在0.01水平上显著相关。

（二）知识创造量表信度和效度分析

由前文对知识创造变量的内涵界定可知,本书中对知识创造不再进行维度划分,而是将其作为一种能力进行界定,其测量题项有三个,进行CFA验证结果如图4-2、表4-15所示。

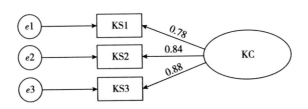

图 4-2　知识创造量表验证性因子分析模型

表 4-15　知识创造的信度和聚合效度分析

潜在变量	题项	因素负荷量	指标信度	组合信度	平均方差抽取值
知识创造	KC1	0.78	0.61	0.870	0.696
	KC2	0.84	0.71		
	KC3	0.88	0.77		

由图 4-2 可知，知识创造各题项的因素负荷量均超过了 0.45 的标准值，在 0.78~0.88 区间，说明各测量题项对该变量的解释度很高。由表 4-15 可知，各测量题项的信度系数在 0.61~0.77 区间，均大于 0.5，说明变量的测量题项具有较好的信度水平。知识创造量表的组合信度系数为 0.870，大于临界值 0.7；AVE 值为 0.696，大于临界值 0.5，说明知识创造变量的测量题项结构信度、聚合效度良好。

（三）知识共享量表信度和效度分析

由前文对知识共享内涵的界定可知，本书对团队知识共享的含义界定是，团队成员愿意相互分享与团队任务相关的显性知识和隐性知识的程度。该变量共有五个测量题项，由于将知识共享作为团队中一种共享氛围的营造，因此不再对其进行维度划分，测量结果如图 4-3、表 4-16 所示。

由图 4-3 可知，五个测量题项的因素负荷量均超过了 0.45，在 0.75~0.89 区间，说明各测量题项对该变量的解释度很高。由表 4-16 可知，各测

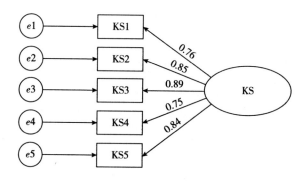

图4-3 知识共享量表验证性因子分析模型

表4-16 知识共享的信度和聚合效度分析

潜在变量	题项	因素负荷量	指标信度	组合信度	平均方差抽取值
知识共享	KS1	0.76	0.58	0.911	0.672
	KS2	0.85	0.72		
	KS3	0.89	0.79		
	KS4	0.75	0.56		
	KS5	0.84	0.71		

量题项的信度数值在0.58~0.79区间，均大于0.5，说明该变量的测量题项具有较好的信度水平。知识共享量表的组合信度系数为0.911，大于临界值0.7；AVE值为0.672，大于临界值0.5，说明知识共享变量的测量题项结构信度、聚合效度良好。

（四）团队心理资本量表信度和效度分析

在本书中，团队心理资本的含义为团队成员就团队共享的积极心理资本所达成一致的集体心理状态。根据成熟量表编制的8个测量题项，本书没有再进行维度划分，采用同样的方法进行分析。团队心理资本量表的信度和效度检验结果如图4-4、表4-17所示。

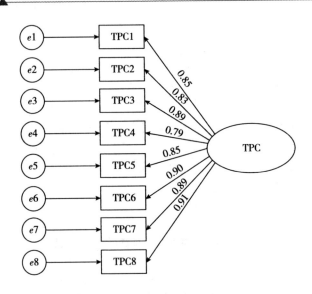

图 4-4　团队心理资本量表验证性因子分析模型

表 4-17　团队心理资本的信度和聚合效度分析

潜在变量	题项	因素负荷量	指标信度	组合信度	平均方差抽取值
团队 心理资本	TPC1	0.85	0.72	0.959	0.748
	TPC2	0.83	0.69		
	TPC3	0.89	0.79		
	TPC4	0.79	0.62		
	TPC5	0.85	0.72		
	TPC6	0.90	0.81		
	TPC7	0.89	0.79		
	TPC8	0.91	0.83		

由图 4-4 可知，团队心理资本各题项的因素负荷量均超过了 0.45，在 0.79~0.91 区间，说明各测量题项对该变量的解释度很高。由表 4-17 可知，各测量题项的信度系数在 0.62~0.83 区间，均大 0.5，说明该变量的各测量

题项具有较好的信度水平。团队心理资本量表的组合信度系数为0.959，大于临界值0.7；AVE值为0.748，远大于临界值0.5，说明团队心理资本变量测量题项的结构信度、聚合效度良好。

（五）团队创造力量表信度和效度分析

在本书前文的阐述中，团队创造力被界定为团队成员通过团队内部学习和交流将知识转化为有关产品、服务、流程和程序的新颖和有用的想法。对该变量的测量有4个条目，没有进行维度划分，采用同样的方法进行分析。团队创造力量表的信度和效度检测结果如图4-5、表4-18所示。

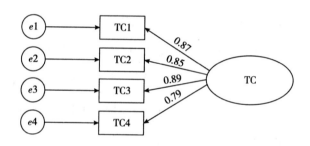

图4-5 团队创造力量表验证性因子分析模型

表4-18 团队创造力的信度和聚合效度分析

潜在变量	题项	因素负荷量	指标信度	组合信度	平均方差抽取值
团队创造力	TC1	0.87	0.76	0.913	0.724
	TC2	0.85	0.72		
	TC3	0.89	0.79		
	TC4	0.79	0.62		

由团队创造力量表的验证性因子分析得出的标准化估计值可知，各题项的因素负荷量均超过了0.45，在0.79~0.89区间，说明各测量题项对该变量的解释度很高。由表4-18可知，各测量题项的信度系数在0.62~0.79区间，

均大于 0.5，说明变量的测量题项具有较好的信度水平。团队创造力量表的组合信度系数为 0.913，大于临界值 0.7；AVE 值为 0.724，大于临界值 0.5，说明团队创造力变量的结构信度、聚合效度良好。

（六）整体模型的拟合度、量表信度和效度分析

为了更好地验证模型构建的整体效果，将模型中的变量同时进行 CFA 分析，结果如表 4-19 所示。六个变量构建的模型拟合优度指标表现良好，χ^2/df 为 2.438，小于更为严格的 3 的标准；GFI 等五个指标均超过了 0.9 的临界值；RMSEA 为 0.078，小于 0.10 的临界值。以上指标反映出六个变量所构建的模型拟合效果较好。团队探索性学习变量的平均方差抽取值（AVE）为 0.754，团队利用性学习变量的 AVE 值为 0.737，知识创造变量的 AVE 值为 0.696，知识共享变量的 AVE 值为 0.686，团队心理资本变量的 AVE 值为 0.755，团队创造力变量的 AVE 值为 0.753，均大于 0.5 的临界值，表明各变量间具有较好的区分效度。

表 4-19　整体模型的信度和收敛效度分析

潜在变量	题项	因素负荷量	指标信度	组合信度	平均方差抽取值
团队探索性学习（*TTS*）	TTS1	0.89	0.79	0.939	0.754
	TTS2	0.88	0.77		
	TTS3	0.85	0.72		
	TTS4	0.82	0.67		
	TTS5	0.90	0.81		
团队利用性学习（*TLY*）	TLY1	0.86	0.74	0.933	0.737
	TLY2	0.84	0.71		
	TLY3	0.89	0.79		
	TLY4	0.87	0.76		
	TLY5	0.83	0.69		

续表

潜在变量	题项	因素负荷量	指标信度	组合信度	平均方差抽取值
知识创造 （*KC*）	KC1	0.82	0.67	0.873	0.696
	KC2	0.79	0.62		
	KC3	0.89	0.79		
知识共享 （*KS*）	KS1	0.81	0.66	0.916	0.686
	KS2	0.86	0.74		
	KS3	0.85	0.72		
	KS4	0.78	0.61		
	KS5	0.84	0.71		
团队心理 资本（*TPC*）	TPC1	0.89	0.79	0.961	0.755
	TPC2	0.86	0.74		
	TPC3	0.87	0.76		
	TPC4	0.76	0.58		
	TPC5	0.89	0.79		
	TPC6	0.86	0.74		
	TPC7	0.90	0.81		
	TPC8	0.91	0.83		
团队创造力 （*TC*）	TC1	0.88	0.77	0.924	0.753
	TC2	0.86	0.74		
	TC3	0.89	0.79		
	TC4	0.84	0.71		
拟合优度 指标	$\chi^2/df = 2.438$，$GFI = 0.903$，$AGFI = 0.937$，$NFI = 0.905$，$IFI = 0.921$，$CFI = 0.904$， $RMSEA = 0.078$				

　　本部分对研究构建的整体模型的区分效度进行了检验，如表 4-20 所示，六个变量间的相关系数的值均小于该变量的平均方差抽取（AVE）值的平方根，由此说明该量表变量间具有良好的区分效度。

表4-20　整体模型变量测量维度的区分效度结果

变量	1	2	3	4	5	6
1. 团队探索性学习	0.868					
2. 团队利用性学习	0.23**	0.858				
3. 知识创造	0.48**	0.46**	0.834			
4. 知识共享	0.28**	0.23**	0.27**	0.828		
5. 团队心理资本	0.19**	0.15**	0.18**	0.26**	0.869	
6. 团队创造力	0.56**	0.52**	0.49**	0.35**	0.38**	0.868

注：①对角线上的数字为 AVE 值的平方根；对角线下方的数字为相关系数。② ** 表示变量在 0.01 水平上显著相关。

二、团队层面的数据聚合分析

本书所涉及的研究构念均是在团队层面展开的，但各变量数据的获取难以在团队层面完成，通常的解决方案是先采集全部或部分成员的数据信息，然后根据统计聚合方法来完成团队数据的处理，比较成熟的研究方法是先对数据的聚合适合度进行检验，通过检验组内评分者信度（R_{wg}）和组内相关系数（ICC（1）和 ICC（2））的具体情况（Bliese & Halverson，1998；James，1982；James，Demaree & Wolf，1984，1993），并根据三个指标的检验结果来判断变量的个体测量数据是否适合汇聚到团队层面。三个指标的判断经验标准是：ICC（1）和 ICC（2）分别大于 0.05、0.5 的临界值即可满足数据进行聚合的要求（James，1982），而 R_{wg} 须大于 0.7 的临界值（James et al.，1993；Hofmann & Stetzer，1998）。

本书依据 ICC 计算公式进行了相关运算：首先，通过对本书所涉及的六个变量进行方差分析，得出组间和组内均方差，然后根据成熟公式，运算得到六个变量的 ICC 值，运算结果详见表 4-21。R_{wg} 是用来评价组内一致性的统计指标（James，1982；James et al.，1984，1993），被提出后广泛应用于团队层面变量研究的数据聚合（Kostopoulos & Bozionelos，2011；Li et al.，2019；Wu et al.，2017；Zhao et al.，2020）。依据组内一致性的计算公式，计算出各个变量 R_{wg} 平均值，如表4-22所示。

表4-21　各变量组间差异性系数 ICC（1）和 ICC（2）

	团队探索性学习	团队利用性学习	知识创造	知识共享	团队心理资本	团队创造力
ICC（1）	0.45	0.43	0.40	0.37	0.39	0.42
ICC（2）	0.86	0.82	0.77	0.80	0.76	0.81
F 检验	11.71	9.33	10.21	9.76	8.62	11.24
显著性	**	**	**	**	**	**

注：**表示变量在0.01水平上显著相关。

表4-22　模型各变量的 R_{wg} 平均值

	团队探索性学习	团队利用性学习	知识创造	知识共享	团队心理资本	团队创造力
平均值	0.92	0.91	0.92	0.88	0.87	0.85

由表4-21、表4-22可知，团队探索性学习 ICC（1）的值为0.45，ICC（2）的值为0.86，R_{wg} 平均值为0.92；团队利用性学习 ICC（1）的值为0.43，ICC（2）的值为0.82，R_{wg} 平均值为0.91；知识创造 ICC（1）的值为0.40，ICC（2）的值为0.77，R_{wg} 平均值为0.92；知识共享 ICC（1）的值为0.37，ICC（2）的值为0.80，R_{wg} 平均值为0.88；团队心理资本 ICC（1）的值为0.39，ICC（2）的值为0.76，R_{wg} 平均值为0.87；团队创造力 ICC（1）的值为0.42，ICC（2）的值为0.81，R_{wg} 平均值为0.85。以上变量的 R_{wg} 平均值均大于0.7的临界值，ICC（1）和 ICC（2）分别均大于0.05、0.5的临界值，这说明对于模型架构中六个变量个体层面数据聚合到

团队层面是科学的、合理的。

数据的聚合方法主要借鉴了刘喜怀等（2016）的聚合方法，把本书中所收集到的各变量每个题项个体层面的数据求平均值；而后，对136个团队的各个变量再求平均值。具体的计算公式如下：

$$Y_{mi} = \frac{\sum_{n=1}^{l} \sum_{j=1}^{k} X_{mnij}}{lk}$$

其中，X_{mnij} 为第 m 个团队中第 n 个成员对第 i 个潜在变量所对应的第 j 个题项的评价值；Y_{mi} 为完成聚合后所对应的第 m 个团队第 i 个变量的值；l 为第 m 个团队中成员的人数，k 为第 i 个潜在变量的题项个数。

通过计算将867份调研数据聚合到136个团队层面。对提出的各个假设进行验证，也是对聚合后的这136个团队的数据进行层级回归分析，进而得出的验证结果。

三、数据的描述性统计及相关性分析

本小节对模型中各个变量数据的均值、标准差、相关性等进行了统计分析，为假设检验部分的回归分析预先进行了数据的基础性检验。需要说明的是，此部分的检验建立在前文对数据进行团队聚合的基础之上，使用的数据是聚合到136个团队后各个变量的数值，具体检验结果如表4-23所示。

表4-23　聚合后各变量描述性分析及相关系数

	均值	标准差	1	2	3	4	5	6	7	8
1. 团队成员教育水平	3.6	0.11								
2. 团队规模	2.1	0.13	0.23							
3. 团队任期	2.7	0.12	0.21*	0.16**						

续表

	均值	标准差	1	2	3	4	5	6	7	8
4. 团队探索性学习	5.12	1.13	0.12	0.06	0.12					
5. 团队利用性学习	5.03	1.09	0.17	0.05	0.15	0.56**				
6. 知识创造	4.11	1.12	0.05	0.08	0.04	0.67**	0.56**			
7. 知识共享	5.18	0.98	0.07	0.05	0.05	0.65**	0.63**	0.55**		
8. 团队心理资本	5.31	0.97	0.08	0.07	0.07	0.66**	0.57**	0.51**	0.42**	
9. 团队创造力	5.42	0.96	0.06	0.06	0.06	0.68**	0.62**	0.64**	0.49**	0.41**

注：**表示变量在 0.01 水平上显著相关，*表示变量在 0.05 水平上显著相关。

使用 SPSS23.0 软件进行分析的结果显示，各个变量的均值、标准差以及相关性系数的数值均在合理范围内，并未发现有异常的数值出现。其中，团队成员教育水平对团队任期在 0.05 的水平上有正向影响，这说明教育水平高的团队更有利于团队任务的持续性开展；而团队规模对团队任期在 0.01 的水平上有正向影响，在企业中规模大的团队往往肩负着更为重要的目标任务，因此团队的重要性和任期也会更长。这些影响符合团队在企业中的惯常特征。自变量团队探索性学习、团队利用性学习与中介变量知识创造、因变量团队创造力之间均存在相关性，而知识创造变量与知识共享、团队心理资本、团队创造力变量之间也存在相关性。因此，可以判断，模型构建中各变量间的关系符合进一步做回归分析进行假设检验的要求。

四、共同方法偏差分析

本书数据的采集主要采用问卷调查的形式，在调研取样时，为了避免共同方法偏差的存在，采用了不同来源的数据采集方案。对团队创造力的测量题项采取由团队主管进行填写的形式；至于其他五个变量的测量，数据采集是由同一人完成的。这仍可能会导致一定程度上的共同方法偏差存在（杜建政、赵国祥和刘金平，2005；周浩、龙立荣，2004）。

首先，采用 Harman 单因素检验方法进行初步验证（Harris & Mossholder，1996），探索性因子分析和验证性因子分析均可用此方法进行验证。本书采用验证性因子分析进行检验，具体做法是将模型中的六个因子，即团队探索性学习、团队利用性学习、知识创造、知识共享、团队心理资本、团队创造力附着在一个因子上，进行验证性因子分析，分析结果如表 4-24 所示。由此可知，单因子模型的各项拟合指数表现差强人意，而原来模型中的六因子模型则显示出较好的拟合性，说明本书不存在严重的共同方法偏差。

表 4-24　共同方法偏差分析验证性因子分析结果

模型	χ^2/df	RMSEA	CFI	NFI	GFI	IFI
单因子模型	5.32	0.16	0.73	0.60	0.75	0.68
六因子模型	2.17	0.06	0.95	0.93	0.97	0.94
七因子模型	2.13	0.07	0.96	0.94	0.98	0.96

其次，借鉴谢保国等（2008）的研究方法，采用无可测量潜在因子效应控制的检验进行再次验证。具体做法是，为了检测模型的合理性又构建了一个七因子模型，即将模型中六个变量的测量题目集合在一起形成一个新的因子，然后和原来的六因子合并组成七因子模型进行验证性因子分析。由表 4-24 可知，当六因子和新的单因子组成七因子模型进行检验时，虽然 χ^2/df 数值下降了 0.04，但结果显示其他拟合指数的数值却只发生了很小的改变，这表明新的因子的进入并没有使六因子模型的拟合度发生显著的改变。通过两种方法的检验，说明本书的研究中没有出现严重的共同方法偏差。

第三节　假设检验

本节基于前文所提出的研究假设以及相关性分析，使用 SPSS23.0 软件，采用层级回归的方法，根据中介效应和调节效应的基本原理（周俊，2019），将团队规模、团队成员任期、团队成员教育水平作为控制变量，对模型中自变量为团队双元学习、中介变量为知识创造、调节变量为知识共享和团队心理资本、因变量为团队创造力变量之间的 16 个假设关系逐一进行检验。

一、知识创造的中介效应假设检验

（一）团队探索性学习通过知识创造的中介效应的假设检验

本部分以团队规模、团队成员任期、团队成员教育水平为控制变量，以团队探索性学习为自变量，以知识创造为中介变量，以团队创造力为因变量，依照中介效应的三步分层回归检验法，从以下三个方面分别进行假设验证：首先，构建模型 1（M1），检验自变量团队探索性学习与因变量团队创造力之间的影响关系；其次，构建模型 2（M2），即自变量团队探索性学习对中介变量知识创造的回归模型；最后，引入中介变量知识创造，构建模型 3（M3），检验自变量团队探索性学习、中介变量知识创造、因变量团队创造力之间的影响关系。完成三个模型的建构后，根据得到的四个回归系数的显著性情况进行中介效应的检验。检验结果如表 4-25 所示。

表4-25　知识创造的中介效应检验结果一

变量	因变量	中介变量	因变量
	团队创造力	知识创造	团队创造力
	M1	M2	M3
控制变量			
团队规模	0.038	0.042	0.029
团队成员任期	0.037	0.041	0.028
团队成员教育水平	0.034	0.045	0.024
自变量			
团队探索性学习	0.462**	0.376**	0.381**
中介变量			
知识创造			0.216**
R^2	0.302**	0.234**	0.364**
ΔR^2	0.302***	0.234***	0.062***

注：＊＊＊表示变量在0.1水平上显著相关，＊＊表示变量在0.01水平上显著相关。

由表4-25可知，在模型1中，经回归分析检验，自变量对因变量的作用关系显著（β=0.462，P<0.01），验证了团队探索性学习对团队创造力产生显著正向影响的假设，假设1a得到验证。在模型2中，团队探索性学习对知识创造的回归系数显著（β=0.376，P<0.01），验证了团队探索性学习对知识创造能产生显著正向影响的假设，假设2a得到验证。在模型3中，知识创造对团队创造力的回归系数显著（β=0.216，P<0.01），说明中介变量对团队创造力在小于0.01水平上具有正向影响，因此证明了假设3的成立。依照中介效应的判定方法可知，由假设1a、假设2a、假设3成立可推论，知识创造在团队探索性学习对团队创造力的影响中起到中介作用的假设，因此假设4a成立。又因为在模型3中，自变量团队探索性学习对团队创造力的作用关系显著（β=0.381，P<0.01），检验结果证明知识创造在团队探索性学习对团队创造力的影响中起部分中介效应。

（二）团队利用性学习通过知识创造的中介效应假设检验

本部分以团队规模、团队成员任期、团队成员教育水平为控制变量，以团队利用性学习为自变量，以知识创造为中介变量，以团队创造力为因变量，依照前文所述中介效应的三步分层回归检验法，从以下三个方面分别进行假设验证。首先，构建模型1（M1），检验自变量团队利用性学习与因变量团队创造力之间的影响关系；其次，以模型1为基础，引入中介变量知识创造，构建模型2（M2），即自变量团队利用性学习对中介变量知识创造的回归模型；最后，构建模型3（M3），检验自变量团队利用性学习、中介变量知识创造、因变量团队创造力之间的影响关系。完成三个模型的建构后，根据得到的四个回归系数的显著性情况进行中介效应的检验。检验结果如表4-26所示。

表4-26 知识创造的中介效应检验结果二

变量	因变量	中介变量	因变量
	团队创造力	知识创造	团队创造力
	M1	M2	M3
控制变量			
团队规模	0.042	0.037	0.032
团队成员任期	0.044	0.038	0.034
团队成员教育水平	0.041	0.034	0.032
自变量			
团队利用性学习	0.476**	0.421**	0.360**
中介变量			
知识创造			0.275**
R^2	0.313**	0.278**	0.396**
ΔR^2	0.313**	0.278**	0.083**

注：** 表示变量在0.01水平上显著相关，* 表示变量在0.05水平上显著相关。

由表4-26可知，在模型1中，自变量团队利用性学习对团队创造力的作用关系显著（β=0.476，P<0.01），说明团队利用性学习对团队创造力产生

显著正向影响，假设 1b 得到验证；在模型 2 中，自变量团队利用性学习对知识创造作用关系显著（$\beta = 0.421$，$P < 0.01$），证实了自变量团队利用性学习对知识创造作用关系为在 0.01 水平上产生正向影响，假设 2b 得到证明；在模型 3 中，知识创造对团队创造力的回归系数显著（$\beta = 0.275$，$P < 0.01$），说明知识创造对团队创造力在 0.01 水平上有显著正向影响，假设 3 得到验证。依照成熟的中介效应的判定方法，前述中已经验证假设 1b、假设 2b、假设 3 成立，可推论知识创造在团队利用性学习对团队创造力的影响中起到中介作用，因此假设 4b 得到验证；又因为在模型 3 中，加入知识创造变量的影响因素后团队利用性学习对团队创造力的影响仍在 0.01 水平上显著（$\beta = 0.360$，$P < 0.01$），可推论知识创造在团队利用性学习对团队创造力的影响中起部分中介效应。

由上述检验可知，团队探索性学习和团队利用性学习分别对知识创造、团队创造力产生显著的正向影响，即验证了假设 1、假设 2 成立，因此团队双元学习对知识创造和团队创造力均产生显著正向影响；而知识创造在自变量团队双元学习两个维度对因变量团队创造力的影响中起到中介作用，假设 4a、假设 4b 得到了检验，也就是验证了假设 4 的成立，即知识创造在团队双元学习对团队创造力的影响中起到中介作用，并且是部分中介效应。

二、知识共享的调节效应假设检验

（一）知识共享在团队探索性学习与知识创造之间的调节效应检验

本部分以团队规模、团队成员任期、团队成员教育水平为控制变量，以团队探索性学习为自变量，以知识创造为因变量，以知识共享为调节变量，采用 SPSS23.0 层次回归分析来检验知识共享的调节效应。根据调节效应的检验方法，首先，构建模型 1（M1），以团队探索性学习为自变量，以知识共享为调节变量，以知识创造为因变量，得出各自的影响系数以及 R^2 的数值；其次，在 M1 的基础上构建模型 2（M2），即在模型 1 的基础上加入团队探索性学习和知识共享的交互项（$TTS \times KS$），而后观察 R^2 数值变化以及交互项（$TTS \times KS$）的显著情况。检验结果如表 4-27 所示。

表 4-27　知识共享调节效应检验结果一

变量	因变量	因变量
	知识创造	知识创造
	M1	M2
控制变量		
团队规模	0.052	0.038
团队成员任期	0.040	0.034
团队成员教育水平	0.041	0.033
自变量		
团队探索性学习（TTS）	0.276 **	0.233 **
调节变量		
知识共享（KS）	0.462 **	0.415 **
乘积项		
$TTS \times KS$		0.223 **
R^2	0.356 **	0.391 **
ΔR^2	0.356 **	0.035 **

注：** 表示变量在 0.01 水平上显著相关。

由表 4-27 可知，模型 2 中的团队探索性学习和知识共享的交互项（$TTS \times KS$）对知识创造的回归系数显著（$\beta = 0.223$，$P < 0.01$）。这说明对于团队探索性学习对知识创造的显著相关性，团队知识共享起到了显著的正向调节作用，因此，假设 5a 得到了验证。

（二）知识共享在团队利用性学习与团队创造力之间的调节效应检验

本部分以团队规模、团队成员任期、团队成员教育水平为控制变量，以团队利用性学习为自变量，以知识创造为因变量，以知识共享为调节变量，同样采用 SPSS23.0 层次回归分析来检验知识共享的调节效应。采用同样方法，首先，构建模型 1（M1），以团队利用性学习为自变量，以知识共享为调节变量，以知识创造为因变量，得出各自的影响系数以及 R^2 的数值；其次，在 M1 的基础上构建模型 2（M2），即在模型 1 的基础上加入团队利用性学习和知识共享的交互项（$TLY \times KS$），而后观察 R^2 的数值变化以及交互项（$TLY \times KS$）的显著情况。检验结果如表 4-28 所示。

表 4-28　知识共享调节效应检验结果二

变量	因变量	因变量
	知识创造	知识创造
	M1	M2
控制变量		
团队规模	0.047	0.032
团队成员任期	0.039	0.031
团队成员教育水平	0.043	0.035
自变量		
团队利用性学习（TLY）	0.246**	0.231**
调节变量		
知识共享（KS）	0.435**	0.407**
乘积项		
$TLY \times KS$		0.251**
R^2	0.353**	0.394**
ΔR^2	0.353**	0.041**

注：** 表示变量在 0.01 水平上显著相关。

由表 4-28 可知，模型 2 中的团队利用性学习和知识共享的交互项（$TLY \times KS$）对知识创造的回归系数显著（$\beta = 0.251$，$P < 0.01$）。这说明对于团队利用性学习对知识创造的显著相关性，团队知识共享起到了显著的正向

调节作用，因此，假设 5b 得到了验证。

由以上分析可知，假设 5a、假设 5b 均得到了验证，等于间接验证了知识共享能显著调节团队双元学习对知识创造的正向影响的假设，即假设 5 得到了验证，当团队的知识共享水平提高时，团队双元学习对知识创造的正向影响会显著增强。

三、团队心理资本的调节效应假设检验

（一）团队心理资本在团队探索性学习与团队创造力之间的调节效应检验

本部分以团队规模、团队成员任期、团队成员教育水平为控制变量，以团队探索性学习为自变量，以知识创造为因变量，以团队心理资本为调节变量，同样采用 SPSS23.0 层次回归分析来检验团队心理资本的调节效应。首先，构建模型 1（M1），以团队探索性学习为自变量，以团队心理资本为调节变量，以知识创造为因变量，得出各自的影响系数以及 R^2 的数值；其次，在 M1 的基础上构建模型 2（M2），即在模型 1 的基础上加入团队探索性学习和团队心理资本的交互项（$TTS×TPC$），而后观察 R^2 的数值变化以及交互项（$TTS×TPC$）的显著情况。检验结果如表 4-29 所示。

表4-29　团队心理资本调节效应检验结果一

变量	因变量	因变量
	知识创造	知识创造
	M1	M2
控制变量		
团队规模	0.053	0.036
团队成员任期	0.039	0.037
团队成员教育水平	0.044	0.032

续表

变量	因变量	因变量
	知识创造	知识创造
	M1	M2
自变量		
团队探索性学习（*TTS*）	0.272**	0.251**
调节变量		
团队心理资本（*TPC*）	0.442**	0.381**
乘积项		
TTS×TPC		0.233**
R^2	0.366**	0.384**
ΔR^2	0.366**	0.018**

注：**表示变量在0.01水平上显著相关。

由表4-29可知，在模型2中，团队探索性学习和团队心理资本的交互项（*TTS×TPC*）对知识创造的回归系数显著（$\beta=0.233$，$P<0.01$）。这说明对于团队探索性学习对知识创造的显著相关性，团队心理资本起到了显著的正向调节作用，因此，假设6a得到了验证。

（二）团队心理资本在团队利用性学习与团队创造力之间的调节效应检验

本部分以团队规模、团队成员任期、团队成员教育水平为控制变量，以团队利用性学习为自变量，以知识创造为因变量，以团队心理资本为调节变量，同样采用SPSS23.0层次回归分析来检验团队心理资本的调节效应。首先，构建模型1（M1），以团队利用性学习为自变量，以团队心理资本为调节变量，以知识创造为因变量，得出各自的影响系数以及R^2的数值；其次，在M1的基础上构建模型2（M2），即在模型1的基础上加入团队利用性学习和团队心理资本的交互项（*TLY×TPC*），而后观察R^2的数值变化以及交互项

（$TLY×TPC$）的显著情况。检验结果如表 4-30 所示。

表 4-30 团队心理资本调节效应检验结果二

变量	因变量	因变量
	知识创造	知识创造
	M1	M2
控制变量		
团队规模	0.043	0.040
团队成员任期	0.054	0.038
团队成员教育水平	0.044	0.030
自变量		
团队利用性学习（TLY）	0.251**	0.226**
调节变量		
团队心理资本（TPC）	0.453**	0.410**
乘积项		
$TLY×TPC$		0.239**
R^2	0.353**	0.395**
ΔR^2	0.353**	0.042**

注：**表示变量在 0.01 水平上显著相关。

由表 4-30 可知，在模型 2 中，团队利用性学习和团队心理资本的交互项（$TLY×TPC$）对知识创造的回归系数显著（$\beta=0.239$，$P<0.01$）。这说明对于团队利用性学习对知识创造的显著相关性，团队心理资本起到了显著的正向调节作用，因此，假设 6b 得到了验证。

由以上分析可知，假设 6a、假设 6b 均得到了验证，等于间接验证了团队心理资本能调节团队双元学习对知识创造的正向影响的假设，即假设 6 得到了验证，当团队心理资本水平提高时，团队双元学习对知识创造的正向影响会显著增强。

第四节　本章小结

本章共分为三个部分，也是本书研究的核心，主要反映了在研究团队双元学习动态机制过程中所采用的研究设计方法、围绕数据展开的评估与分析以及对研究设想进行的验证。

首先，针对本书研究的六个变量的含义进行了界定，描述了各变量的量表出处、信效度情况，形成了基于 Likert 7 点记分的调研问卷。基于成熟量表设计的问卷进行了小规模的调研，并对调研的数据进行了检验，根据检验结果以及实地走访过程中的有效信息对问卷进行完善。其次，依据正式的调研数据，采用 CFA 检验对量表的信度和效度作进一步验证，并对数据进行了聚合等相关处理和分析，为进行假设检验做了充足准备。最后，使用 SPSS23.0 软件利用层级回归的方法，对于模型中变量之间的假设关系进行检验。本章分别检验了知识创造变量在团队双元学习对团队创造力影响中的部分中介效应，以及变量知识共享、团队心理资本在团队双元学习对知识创造影响中的正向调节作用。

第五章　结论与展望

　　本书在前四章中阐述了研究的背景和意义，本书以组织学习理论、知识管理理论、双元理论、心理资本理论为主要依据，以团队双元学习对团队创造力的影响机制为研究主线，基于文献研究构建了本书研究的理论模型，提出了研究假设，并以聚合后的 136 个团队层面的数据为依据，对研究假设依据统计原理和模型关系进行了验证分析，分别检验了知识创造的中介效应以及知识共享、团队心理资本的调节效应，深入探究了团队双元学习过程中各变量之间的作用关系及其对团队创造力的影响。本章主要依据前四章的内容，对研究结果进行了更为详细的总结，阐明了本书对实践的指导意义，并指出了对企业中团队管理者以及现代企业中创新发展的启迪，为企业中团队创造力的提升提供建议。最后，总结和分析本书的局限与不足，为未来的研究提出改进的途径。

第一节　研究结论

本书根据组织学习理论、双元理论、知识管理理论和心理资本理论，构建了自变量为团队双元学习、中介变量为知识创造、调节变量为知识共享和团队心理资本、因变量为团队创造力的研究模型，依据模型构建的原理提出了16个相关假设。由第四章可知，第三章提出的16个研究假设全部得到了验证。表5-1对本书所涉及的研究假设及其检验结果进行了汇总。假设结果的成立，说明前期基于理论研究构建的研究模型具有合理性与科学性。现将研究结论进行详尽的阐述。

表5-1　假设检验结果汇总

假设内容	检验结果
假设1a：团队探索性学习对团队创造力能产生正向影响	支持
假设1b：团队利用性学习对团队创造力能产生正向影响	支持
假设1：团队双元学习对团队创造力能产生正向影响	支持
假设2a：团队探索性学习对知识创造能产生正向影响	支持
假设2b：团队利用性学习对知识创造能产生正向影响	支持
假设2：团队双元学习对知识创造能产生正向影响	支持
假设3：知识创造对团队创造力能产生正向影响	支持
假设4a：知识创造在团队探索性学习对团队创造力的正向影响中起到中介作用	支持
假设4b：知识创造在团队利用性学习对团队创造力的正向影响中起到中介作用	支持
假设4：知识创造在团队双元学习对团队创造力的正向影响中起到中介作用	支持
假设5a：知识共享能调节团队探索性学习对知识创造的正向影响	支持
假设5b：知识共享能调节团队利用性学习对知识创造的正向影响	支持
假设5：知识共享能调节团队双元学习对知识创造的正向影响	支持

续表

假设内容	检验结果
假设6a：团队心理资本能调节团队探索性学习对知识创造的正向影响	支持
假设6b：团队心理资本能调节团队利用性学习对知识创造的正向影响	支持
假设6：团队心理资本能调节团队双元学习对知识创造的正向影响	支持

一、结论一：团队双元学习能够有效促进团队创造力的提升

团队以其快速反应能力和创新能力支撑着组织创新活动的有效开展（Wu et al.，2017），团队创造力的提升往往依赖于学习行为将组织资源转化为创造性产出的能力。双元学习是由 March（1991）基于双元理论提出的探索性学习和利用性学习概念的统称，对于探索性学习和利用性学习分别对团队创造力的影响，在以往的研究中已有学者进行了实证研究。一方面，学者们对团队双元学习对团队创造力提升的正向影响具有较为一致的意见（Choi & Lee，2015；Wu et al.，2017；戴万亮等，2019；刘新梅等，2013；赵红丹、刘微微，2018）。Li 等（2019）进行了更深入的研究，他们将团队创造力细分为了激进创造力和渐进创造力，认为团队探索性学习、团队利用性学习分别有利于促进团队激进创造力和团队渐进创造力的提升。另一方面，对于团队利用性学习的影响作用学者们持不同的观点。Kostopoulos 和 Bozionelos（2011）、Zhao 等（2020）认为，团队利用性学习是对标准化程序的遵循，可以促进团队任务的完成。

基于此，本书提出了团队双元学习可以对团队创造力产生正向影响的假设，根据第四章的数据分层回归检验结果可知，团队探索性学习、利用性学习对团队创造力的回归系数显著（$\beta = 0.462$，$P<0.01$；$\beta = 0.476$，$P<0.01$），从而验证了无论是团队探索性学习还是团队利用性学习均对团队创造力有积

极的正向影响。团队利用性学习虽主要以现有知识的优化为基础，但为团队知识结构的优化、效率的提升打下了坚实基础，与探索性学习相互补充、相互促进（Solís-Molina et al.，2018），共同激发团队的创造力。

二、结论二：知识创造在团队双元学习对团队创造力的影响过程中起部分中介效应

关于团队双元学习与知识创造、团队创造力之间的影响作用是本书的研究主线。依据前期文献梳理可知，现有的研究成果侧重于研究团队双元学习对于团队绩效、团队创新行为等的影响（Duc et al.，2020；Kang & Kim，2019；Kostopoulos & Bozionelos，2011；Zhao et al.，2020；李正锋等，2019），或者在团队创造力作为因变量时，双元学习多作为中介变量研究二者之间的作用关系（Li et al.，2019；Wu et al.，2017；戴万亮等，2019；赵红丹、刘微微，2018），对于团队双元学习对团队创造力作用的中间机制的研究却很少涉及。Choi 和 Lee（2015）基于数学建模和仿真实验揭示了通过平衡利用和探索来创造团队知识以激发团队创造力的重要过程，但其局限性在于并未基于实地调研数据进行相应的实证研究。基于此，本书以组织学习理论、知识管理理论为研究基础，引入知识创造为中介变量，进一步探究团队双元学习对团队创造力的作用机制。

本书采用统计分析的中介效应三步分层回归方法，检验结果显示，知识创造在团队探索性学习、利用性学习对团队创造力的影响中起中介作用，并且起部分中介效应。这说明团队双元学习的开展有利于知识创造的产出，团队的创造力随着知识创造的增加会得到激发、提升，这一检验结果印证了Choi 和 Lee（2015）的实验结论。

三、结论三：知识共享能够调节团队双元学习对知识创造的影响

在以往的研究中，持资源保存理论的学者认为知识分享意味着个人利益因减损而导致消极影响（Sedighi et al.，2016），而有的学者则认为知识共享有利于团队和组织内部知识的有效流动从而提高创新行为和创新绩效，对于团队和组织产生积极的正向影响（Alsharo et al.，2017；Dong et al.，2017；Kang & Lee，2017；Madrid et al.，2016；Mura et al.，2016；Vandavasi et al.，2020；Yi et al.，2019；刘海运、游达明，2011）。针对知识共享在团队学习中调节作用的研究较少，本书借鉴了学者们将知识共享作为一种团队内部资源共享氛围的营造的观点（Dong et al.，2017；Huang et al.，2014；Lee & Song，2020），这与双元性组织所倡导的共赢合作、提倡知识和资源交换共享的组织氛围不谋而合。

检验结果显示，知识共享正向调节双元学习与知识创造之间的关系。当团队内部知识共享程度提高时，团队双元学习对知识创造的正向影响会随之提高；当团队内部知识共享程度降低时，团队双元学习对知识创造的积极影响降低。以上结论验证了知识共享在团队学习过程中的正向积极作用，这说明在团队双元学习过程中，知识的共享可以节约团队成员寻求知识的时间而提升团队学习的效率，从而加速知识创造进程。

四、结论四：团队心理资本能够调节团队双元学习对知识创造的影响

对于团队和组织而言，积极心理资本为其竞争优势的提高提供了有力支撑（Luthans et al.，2004；Luthans & Youssef-Morgan，2017）。在以往的研究中，虽然未检索到有关团队心理资本在团队双元学习对知识创造中的调节作用的论述，但却有很多相关的研究作为佐证。例如，Avey 等（2011）以及

Luthans 和 Youssef-Morgan（2017）认为，希望、效能、韧性和乐观这些积极心理资源将有助于成员在追求和实现目标的过程中保持内在的控制感和意向性；持社会感染理论的学者认为，团队心理资本可以通过成员之间基于共同的任务和目标而进行互动沟通、相互影响（Dawkins et al.，2015；Degoey，2000）；等等。这些研究均可作为良好的团队心理资本可以为团队双元学习的开展提供高水平的心理支持和氛围营造的理论观点提供相关支撑。

本书的检验结果显示，团队心理资本正向调节双元学习与知识创造之间的关系。当团队成员的整体心理资本水平提高时，团队双元学习对知识创造的正向影响会随之提高；当团队成员的整体心理资本水平降低时，团队双元学习对知识创造的积极影响降低。这说明在团队双元学习过程中，高水平的团队心理资本不仅可以为团队探索性学习提供宽松的创新氛围，而且使团队利用性学习效率提升，进而形成了高质量的团队关系，促使团队成员公开分享他们现有的知识和技能，有利于团队知识创造的高质量产出。

第二节　研究实践启示

本书以"团队双元学习—知识创造—创造力"为研究主线，分析了知识创造在团队双元学习与团队创造力影响关系中的中介效应，探讨了知识共享程度对团队双元学习与知识创造关系中的调节效应；引入团队心理资本变量，考察了团队心理资本水平对团队双元学习与知识创造关系中的调节效应。以上研究成果可为团队的管理者如何保持团队良好的学习行为以提高创造力，为企业发展创新以应对日益激烈的竞争环境提供相应的参考。具体管理实践启示如下：

一、注重团队探索性学习和团队利用性学习的互补发展

在瞬息万变的市场环境中，团队以其快速反应和创新能力在组织创新中发挥着越来越重要的作用，已成为团队管理者以及组织关注的焦点（Wu et al.，2017），团队层面的双元现象也逐渐成为学者们研究的热点（Zhao et al.，2020）。双元性实现的路径有结构双元、时间分离双元、领导双元、情境双元等，但由于团队是一个较为紧密的且相对独立的系统单元，不太可能被分为两个独立的子单元（即探索单元和利用单元）（Mathieu et al.，2017），因为它既要应对环境的变化又要有效完成日常任务（Jansen et al.，2016；Kostopoulos & Bozionelos，2011；Li et al.，2017）。基于此，情境双元比结构双元、时间分离双元更适合团队双元性的实现，即在团队中同时进行探索性学习和利用性学习两种学习方式，同时本书的研究结论也说明团队中的探索性学习、利用性学习皆有利于团队创造力的提升，在同一团队中两种学习方式具有互利的关系。利用性学习可以增加团队已有知识的开发和互动，明确团队知识的欠缺，为探索性学习指明方向；探索性学习则通过新知识的创造，充实团队知识储备，为利用性学习提供内容。团队利用性学习与团队探索性学习伴随着组织生存和发展的各个阶段，只有实现二者的互补才能充分发挥两种学习模式的优势。

团队管理者在具体实践过程中，可根据所在团队的主要目标任务来选择学习的侧重点，打造学习型团队，不断提升团队创造力。既要鼓励团队成员不断对已有知识进行整合和完善，有效"盘活"、利用好团队中的现有知识，进行现有产品的升级优化；又要倡导勇于跨越组织知识边界的挑战精神，通过探索性学习不断研发新的产品，以保持企业在同类市场中的持续竞争优势。

二、注重知识创造对团队创造力的促进作用

数字经济时代的到来，意味着对知识管理提出了更高的要求，知识创造作为知识管理的重要一环，是企业保持竞争能力、不断进行开拓创新的关键。团队作为企业架构中的基本单元，是知识创造的重要场所，团队创造力随着知识创造的增长而提高（Choi & Lee，2015）。因此，团队需要创造更多的知识来提高它们的创造力水平。本书的研究结论也表明，知识创造水平对团队创造力的提升具有显著正向影响。

作为管理者，要着力构建学习型团队，不断通过探索性学习和利用性学习，源源不断地探寻、学习、改进和获取新知识，使团队保持持续不断的知识创造能力。首先，在日常管理中可尝试引入先进的知识管理系统用于知识的储存和分享，构建知识管理平台，不断增强团队的知识管理能力，提高知识利用的效率。其次，在员工培训中，可有计划地增强团队成员的知识吸收能力，提高对现有知识的有效整合利用，为新知识的产出创造条件。此外，在薪酬福利方面，制定配套的奖励性政策，鼓励提高知识的创造率及转化率，激发团队成员主动参与知识创新的积极性，不断提高团队创造能力。

三、营造资源共享的和谐团队氛围

团队创造力作为团队学习的一种输出因素，既受个体因素的影响，也受情境因素的影响。从团队学习到新知识的创造，再到团队创造力的提升直至新产品的研发，是一个复杂的过程，需要团队成员之间的紧密合作才能完成。在高水平的团队知识共享下，团队成员可以得到有益的意见和讨论，这有利于他们开展学习活动。在高水平的知识共享下，团队成员公开分享知识和信息，促进形成积极的团队氛围，团队成员之间的联系会更为紧密。团队管理

者应当积极营造知识共享的良好氛围，以共同明确的目标为导向，构建团结互助的组织文化和价值导向，鼓励团队成员合作交流、资源共享，以实现内外部资源的快速流动，为新知识的创造提供充足的条件，不断实现技术革新与进步。

四、注重团队心理资本的优化以提升团队的软实力

团队心理资本是团队成员就团队共享的积极心理资本所达成一致的集体心理状态。心理资本较高的团队，可以有效缓解团队学习过程中的负面情绪，保持积极的工作状态，从而提高学习效率、增加知识产出。Luthans 和 Youssef-Morgan（2017）将心理资本定位为一种状态类资源，具有可塑性和开放性的特征（Dello Russo & Stoykova，2015）。已有学者研究验证了心理资本的发展和改变可以通过有计划的干预和培训来实现（Dello Russo & Stoyko-va，2015；Gülen Ertosun et al.，2015；Luthans et al.，2006）。团队心理资本虽然不是团队成员心理资本的直接加总，但却受团队中的个体心理资本状态的直接影响。因此，管理者可以通过有效的目标设定、明确的计划有针对性地对团队成员进行积极的"心理演练"，在进行人力资源开发时加入员工心理资本的开发项目，并给予相应的资源配置和政策支持；通过有计划、有步骤的训练，使团队成员拥有乐观积极的心态、面对挑战的勇气以及百折不挠的韧性，为团队学习的有效开展、团队创造力的不断提升提供心理支持。

第三节 研究局限及未来展望

本书主要构建了团队双元学习对团队创造力的影响机制模型，通过大样本数据的收集进行了实证分析，检验了知识创造在团队双元学习对团队创造力的影响中的中介效应，探讨了知识共享、团队心理资本在团队双元学习对知识创造影响关系中的调节效应。本书的研究结论丰富了知识管理理论、组织学习理论、双元理论以及心理资本理论，为后续的研究拓展了新的空间，具有一定的理论意义和实践价值。但由于研究条件的局限性，仍然有许多问题需要做进一步的探讨。

首先，本书中的团队数据来源于河南郑州等城市的高新技术企业，虽然这些城市对于我国中部地区具有一定的代表性，但是由于研究条件的限制，我国东部经济发展迅速的地区以及西部欠发达地区的企业的数据并未涉及，因此，本书研究结论的普遍适应性还有待于进一步验证。未来研究可以进一步在全国范围内扩大样本量，验证研究结论在不同地域以及不同文化背景下的企业中的普适性。

其次，团队双元学习通过知识创造作用于团队创造力，这个作用过程本身包含着随着时间的推移而不断受影响的作用关系，但本书采集的数据属静态的横截面数据。未来研究可以设定在不同的时间点进行数据的采集，获取时间序列数据，以更加准确地了解变量间的作用规律。

最后，团队双元学习对团队创造力的影响是一个复杂的过程，可以进一步对中间的影响因素及其作用机制进行挖掘和研究，例如团队探索性学习与团队利用性学习间的作用关系，团队双元学习对团队创造力影响关系间是否还有重要的中介变量有待开发，以及对于其他情境因素（调节变量）作用的进一步探讨，等等。这些均可以作为今后研究的方向。

参考文献

［1］彼得·德鲁克.（1991）.知识管理.北京：中国人民大学出版社.

［2］彼得·圣吉.（2018）.第五项修炼：学习型组织的艺术实践.北京：中信出版社.

［3］常涛,董丹丹.（2019）.地位冲突对团队创造力的影响：共享内在动机视角.科技进步与对策,36（20）,144-153.

［4］常涛,吴佳敏,刘智强.（2019）.地位稳定性与团队创造力：任务相关特征的影响.科学学与科学技术管理,40（9）,119-134.

［5］陈国权（2007）.团队学习和学习型团队：概念、能力模型、测量及对团队绩效的影响.管理学报,（5）,602-609.

［6］陈慧,梁巧转,丰超.（2021）.包容型领导如何提升团队创造力？——被调节的链式中介模型.科学学与科学技术管理,42（4）,142-157.

［7］陈家昌,赵澄谋.（2016）.知识异质性与知识创造：认知冲突的中介作用.情报杂志,35（4）,43-46+74.

［8］陈璐,柏帅皎,王月梅.（2016）.CEO变革型领导与高管团队创造力：一个被调节的中介模型.南开管理评论,19（2）,63-74.

［9］陈帅，王端旭.（2016）.道不同不相为谋？信息相关断裂带对团队学习的影响.心理学报，48（7），867-879.

［10］陈玮奕，刘新梅，张新星.（2019）.关系冲突认知差异有助于团队创造力——一个被调节的中介作用模型.科学学与科学技术管理，40（6），125-139.

［11］陈玮奕，刘新梅，张新星.（2020）.团队横向监督如何影响团队创造力？——基于团队冲突认知差异与失败学习的视角.研究与发展管理，32（2），82-93.

［12］陈晓萍，沈伟.（2018）.组织与管理研究的实证方法.北京：北京大学出版社.

［13］崔波，杨百寅.（2018）.团队效能感、团队学习与团队绩效——基于多案例的研究.管理案例研究与评论，11（5），491-501.

［14］戴建平，骆温平.（2017）.组织间学习与供应链价值创造研究——基于物流企业与供应链上下游客户多边合作视角.技术经济与管理研究，（8），48-52.

［15］戴万亮，杨皎平，李庆满.（2019）.内部社会资本、二元学习与研发团队创造力.科研管理，40（1），159-169.

［16］邓今朝，喻梦琴，丁栩平.（2018）.员工建言行为对团队创造力的作用机制.科研管理，39（12），171-178.

［17］杜建政，赵国祥，刘金平.（2005）.测评中的共同方法偏差.心理科学，（2），420-422.

［18］杜娟，赵曙明，林新月.（2020）.悖论型领导风格情境下团队断层与团队创造力的作用机制研究.管理学报，17（7），988-997.

［19］耿紫珍，马干，丁琳.（2021）.从谏或噤声？家长式领导对团队创

造力的影响．科研管理，42（5），200-206.

[20] 管建世，罗瑾琏，钟竞．(2016).动态环境下双元领导对团队创造力影响研究——基于团队目标取向视角．科学学与科学技术管理，37（8），159-169.

[21] 郭安苹，叶春明．(2018).激励方式调节下团队学习对创新绩效的影响研究．科技管理研究，38（12），224-231.

[22] 韩宏稳，杨世信．(2016).共享型领导对团队创造力的影响及内在机制研究．现代管理科学，(1)，118-120.

[23] 郝向举，王渊，王进富，薛琳．(2018).临时团队情绪智力对团队创造力的影响研究．科研管理，39（8），131-141.

[24] 何文心，刘新梅，姚进．(2019).真实型领导与团队创造力——一个链式中介模型．科技进步与对策，36（8），131-138.

[25] 洪雁．(2012).中国组织情境下领导越轨行为的分类框架及效能机制研究．浙江大学博士学位论文．

[26] 侯丁鼎，范培华．(2018).组织间知识获取研究述评与未来展望．上海管理科学，40（2），54-59.

[27] 侯二秀，陈树文，长青．(2012).知识员工心理资本对创新绩效的影响：心理契约的中介．科学学与科学技术管理，33（6），149-155.

[28] 侯杰泰，温忠麟，成子娟．(2004).结构方程模型及其应用．北京：北京教育科学出版社．

[29] 胡在铭．(2016).河南省区域自主创新能力评价及空间分布特征．商业经济研究，(14)，206-209.

[30] 黄玉梅，孙海法．(2017).中国文化背景下的团队学习行为研究．商业经济与管理，(3)，29-39.

[31] 季桓永，张静．(2016)．学习导向、双元学习、新产品竞争优势与企业绩效——基于模糊集的定性比较分析．科技进步与对策，33（24），82-87.

[32] 蒋丽芹，李思卉．(2020)．网络结构嵌入、双元学习对企业突破性创新的影响．商业经济研究，(13)，116-119.

[33] 柯江林，孙健敏，李永瑞．(2009)．心理资本：本土量表的开发及中西比较．心理学报，41（9），875-888.

[34] 李林英，徐礼平．(2017)．重大科研项目团队心理资本维度及与创新绩效的关系．科技进步与对策，34（20），132-138.

[35] 李铭泽，叶慧莉，张光磊．(2020)．自恋型领导对团队创造力形成过程的多视角研究．心理科学进展，28（9），1437-1453.

[36] 李全，畲卓霖，杨百寅．(2021)．工作狂领导对团队创造力的影响机制研究．科学学与科学技术管理，42（2），146-160.

[37] 李燃，王辉，赵佳卉．(2016)．真诚型领导行为对团队创造力的影响．管理科学，29（5），71-82.

[38] 李栓久，陈维政．(2007)．个人学习、团队学习和组织学习的机理研究．西南民族大学学报（人文社科版），(9)，214-218.

[39] 李召敏，赵曙明．(2018)．"老好人"能当好团队领导吗？——团队领导宜人性与团队创造力的关系．外国经济与管理，40（12），109-124.

[40] 李正锋，高蕾，张倩．(2019)．研发人员双元学习能力、控制机制与创新行为关系研究．价值工程，38（32），293-299.

[41] 林陵娜，刘迅，周咏馨．(2019)．关系冲突情境下的工程项目团队双元学习动力机制．工程管理学报，33（6），105-110.

[42] 林芹，易凌峰．(2020)．创业型领导对团队创造力的跨层次影响研

究．外国经济与管理，42（9），107-120.

［43］凌鸿，赵付春，邓少军．(2010)．双元性理论和概念的批判性回顾与未来研究展望．外国经济与管理，32（1），25-33.

［44］刘海运，游达明．(2011)．基于知识管理的企业突破性技术创新能力机制研究．科技进步与对策，28（12），92-95.

［45］刘和东，徐亚萍．(2019)．合作创新中知识共享关键要素的影响效应研究．南京工业大学学报（社会科学版），18（2），90-97+112.

［46］刘圣明，陈力凡，王思迈．(2018)．满招损，谦受益：团队沟通视角下谦卑型领导行为对团队创造力的影响．心理学报，50（10），1159-1168.

［47］刘伟国，房俨然，施俊琦，莫申江．(2018)．领导创造力期望对团队创造力的影响．心理学报，50（6），667-677.

［48］刘喜怀，葛玉辉，赵丙艳．(2016)．TMT 团队过程、团队自反性对决策绩效的影响．管理评论，28（1），130-140.

［49］刘新梅，韩骁，白杨，李沐函．(2013)．控制机制、组织双元与组织创造力的关系研究．科研管理，34（10），1-9.

［50］刘雪梅，刘铮．(2019)．共享型领导对团队创造力的影响机制研究．软科学，33（4），114-118+140.

［51］刘泽双，杜若璇．(2018)．创业团队知识异质性、知识整合能力与团队创造力关系研究．科技管理研究，38（8），159-167.

［52］吕冲冲，杨建君，张峰．(2017)．共享时代下的企业知识创造——关系强度与合作模式的作用研究．科学学与科学技术管理，38（8），17-28.

［53］罗瑾琏，花常花，钟竞．(2015)．悖论式领导对知识团队创新的影响及作用机制研究．科技进步与对策，32（11），121-125.

［54］毛良斌．(2010)．团队学习行为对团队有效性的影响．应用心理

学，16（2），173-179.

［55］潘镇，胡超颖．(2017)．双元能力的组织特征前因及绩效结果：一项元分析．南大商学评论，14（1），58-89.

［56］彭伟，金丹丹．(2018)．包容型领导对团队创造力影响机理研究：一个链式中介模型．科技进步与对策，35（19），123-130.

［57］彭伟，马越．(2018)．悖论式领导对团队创造力的影响机制——社会网络理论视角．科技进步与对策，35（22），145-152.

［58］彭伟，马越，陈奎庆．(2020)．辱虐型领导对团队创造力的影响机制研究：一个有调节的中介模型．管理评论，32（11），208-219.

［59］钱宝祥，蔡亚华，李立．(2016)．个人团队匹配与团队创造力关系研究：团队认同的中介作用．科技进步与对策，33（18），134-139.

［60］孙金花，庄万霞，胡健．(2020)．隐性知识异质性对知识型团队创造力的影响——以知识重构为有调节的中介变量．科技管理研究，40（14），174-183.

［61］汤超颖，丁雪辰．(2015)．创新型企业研发团队知识基础与知识创造的关系研究．科学学与科学技术管理，36（9），81-92.

［62］万涛．(2017)．团队学习与沟通的定量分析模型研究．软科学，31（7），89-92.

［63］王海花．(2017)．技术复杂性会抑制双元学习对创新绩效的影响吗？．科技进步与对策，34（16），140-147.

［64］王明旋，马艳茹，张勇，宋靖．(2019)．性别及年龄多样化与团队创造力：基于自我表现理论的双路径研究．中国人力资源开发，36（12），22-36.

［65］王树斌，卢全莹，乔晗．(2020)．组织间知识共享、技术学习与能

源企业生产绩效实证研究——基于"从定性到定量的综合集成法"分析. 管理评论，32（12），125-134.

［66］王向阳，郗玉娟，齐莹.（2018）.组织内部知识整合模型：基于知识演变视角. 情报理论与实践，41（2），88-93.

［67］王艳子，白丽莎，李倩.（2017）.团队领导跨界行为对团队创造力的影响机理：知识管理视角. 科技进步与对策，34（3），140-146.

［68］王艳子，罗瑾琏，李倩.（2016）."面子"文化情境下团队领导外部社会网络对团队创造力的影响. 中国科技论坛，（3），145-149.

［69］卫武，王怡宇，赵鹤，张琴.（2021）.多元时间观情境下团队时间领导对团队创造力的影响. 管理评论，33（4），92-101.

［70］魏荣，黄志斌.（2008）.企业科技创新团队心理资本结构及开发路径. 中国科技论坛，（11），62-66.

［71］吴明隆.（2013）.结构方程模型——AMOS 实务进阶. 重庆：重庆大学出版社.

［72］吴勇，朱卫东.（2013）.知识共享方式对团队创造力影响的实证研究：团队学习能力的调节效应. 中国科技论坛，（4），127-134.

［73］奚雷，彭灿，李德强.（2016）.双元学习对双元创新协同性的影响：变革型领导风格的调节作用. 科技管理研究，36（8），210-215.

［74］项益鸣，杨瑞萍，朱珊.（2019）.TMT 异质性对商业模式创新的影响：知识创造的中介作用. 科技管理研究，39（14），172-179.

［75］谢宝国，龙立荣.（2008）.职业生涯高原对员工工作满意度、组织承诺、离职意愿的影响. 心理学报，40（8），927-938.

［76］谢俊，储小平.（2016）.多层次导向的变革型领导对个体及团队创造力的影响：授权的中介作用. 管理工程学报，30（1），161-167.

［77］徐礼平，李林英.（2019）.高校重大科研项目团队心理资本对创新绩效的影响.高校教育管理，13（1），55-64.

［78］杨红，彭灿，杜刚，许春，吕潮林.（2021）.双元领导风格、团队差序氛围与研发团队创造力.科学学研究，39（7），1248-1256.

［79］杨红，彭灿，李瑞雪，杨晓娜，吕潮林.（2021）.变革型领导、知识共享与研发团队创造力：团队成员异质性的倒 U 型调节作用.运筹与管理，30（1），217-224.

［80］野中郁次郎，竹内弘高.（2006）.创造知识的企业：日美企业持续创新的动力.北京：知识产权出版社.

［81］弋亚群，谷盟，刘怡，马瑞.（2018）.动态能力、双元学习与新产品开发绩效.科研管理，39（1），74-82.

［82］于海波.（2018）.组织学习的多层结构、跨层作用和生成机制研究.北京：中国人民大学出版社.

［83］于海波，方俐洛，凌文辁.（2004）.组织学习整合理论模型.心理科学进展，（2），246-255.

［84］于海波，方俐洛，凌文辁.（2007）.组织学习及其作用机制的实证研究.管理科学学报，（5），48-61.

［85］余义勇，杨忠.（2020）.团队领导跨界行为如何影响团队创造力？——基于知识整合和团队氛围的整合视角.科学学与科学技术管理，41（12），129-144.

［86］岳雷，马卫民.（2016）.魅力型领导、集体效能感与团队创造力关系实证研究.东岳论丛，37（6），173-178.

［87］韵江，卢从超，杨柳.（2015）.双元学习与创造力对绩效的影响——一个团队层面的研究.财经问题研究，（5），3-11.

［88］臧维，赵联东，徐磊，姚亚男．(2019)．团队跨界行为、知识整合能力与团队创造力．管理学报，16（7），1063-1071.

［89］张春阳，张春博，丁坤，徐岩．(2021)．团队层次知识共享研究回顾与展望．图书馆学研究，(5)，2-9.

［90］张钢，李慧慧．(2020)．团队创造力的内涵及其测量．商业经济与管理，(3)，41-49.

［91］张建卫，赵辉，李海红，任永灿．(2018)．团队创新氛围、内部动机与团队科学创造力——团队共享心智模式的调节作用．科技进步与对策，35（6），149-155.

［92］张建卫，赵辉，李海红，任永灿．(2019)．团队思维方式影响团队科学创造力的过程机理．科学学研究，37（11），1933-1943.

［93］张洁，安立仁，张宸璐．(2015)．开放式创新视角下双元与绩效关系研究脉络与未来展望．外国经济与管理，37（7），3-18.

［94］张琳琳，蔡颖，周宁．(2016)．团队创造力作用下知识分享形成机制——跨层次有调节的中介模型．科技进步与对策，33（10），134-139.

［95］张宁俊，张露，王国瑞．(2019)．关系强度对团队创造力的作用机理研究．管理科学，32（1），101-113.

［96］张鹏程，李铭泽，刘文兴，彭坚．(2016)．科研合作与团队知识创造：一个网络交互模型．科研管理，37（5），51-59.

［97］张晓洁，刘新梅．(2018)．团队亲社会动机与团队创造力：一个双中介模型．科技进步与对策，35（11），139-146.

［98］张新星，刘新梅．(2021)．均衡还是失衡？信息型子团队均衡对团队创造力的作用机理研究——亲社会动机的调节作用．科学学与科学技术管理，42（7），157-172.

［99］赵富强，鲁倩，陈耘．（2020）．多元包容性人力资源实践对个体创造力的影响——双元学习和魅力型领导的作用．科研管理，41（4），94-102.

［100］赵红丹，刘微微．（2018）．教练型领导、双元学习与团队创造力：团队学习目标导向的调节作用．外国经济与管理，40（10），66-80.

［101］赵红丹，吴桢，高源．（2018）．关系差异化与团队创造力——团队心理安全的视角．首都经济贸易大学学报，20（3），61-69.

［102］赵金国，孙玮，朱晓红，唐贵瑶．（2019）．CEO 授权型领导对高层管理团队创造力的影响研究．管理学报，16（8），1161-1167.

［103］赵莉，罗瑾琏，钟竞，管建世．（2017）．双元领导对团队创造力影响机制研究：基于团队互动的视角．科学学与科学技术管理，38（12），148-160.

［104］赵炎，王嘉惠，胡天骄．（2021）．团队冲突下创新团队内外部连接对创新绩效的影响．科技管理研究，41（12），139-148.

［105］周浩，龙立荣．（2004）．共同方法偏差的统计检验与控制方法．心理科学进展，（6），942-950.

［106］周俊．（2019）．问卷数据分析：破解 SPSS 软件的六类分析思路．北京：电子工业出版社．

［107］周小兰．（2017）．认知视角下团队成就目标导向对团队学习的影响研究．软科学，31（1），90-94.

［108］周小兰，张体勤．（2015）．基于知识分流模型的团队学习三维结构测量与影响因素．科技进步与对策，32（24），125-130.

［109］周小兰，张体勤．（2018）．个体绩效评估导向对团队学习的影响机制．系统管理学报，27（4），628-636.

［110］朱娜娜，徐奕红．（2020）．TMT 网络特征、知识创造与企业双元

创新——制度环境与企业性质的调节作用.重庆大学学报（社会科学版），1-14.

［111］邹艳春，彭坚，印田彬.（2018）.团队学习气氛对团队心理资本的影响：社会信息加工理论的视角.心理与行为研究，16（3），402-407.

［112］Aggarwal, I. , & Woolley, A. W. (2019). Team creativity, cognition, and cognitive style diversity. *Management Science*, 65（4），1586-1599.

［113］Ahmad, F. (2018). Knowledge sharing in a non-native language context：Challenges and strategies. *Journal of Information Science*, 44（2），248-264.

［114］Ahmad, F. , & Karim, M. (2019). Impacts of knowledge sharing：A review and directions for future research. *Journal of Workplace Learning*, 31（3），207-230.

［115］Ajmal, M. , Helo, P. , & Kekäle, T. (2010). Critical factors for knowledge management in project business. *Journal of Knowledge Management*, 14（1），156-168.

［116］Akhavan, P. , Ghojavand, S. , & Abdali, R. (2012). Knowledge sharing and its impact on knowledge creation. *Journal of Information & Knowledge Management*, 11（2）.

［117］Alavi, M. , & Leidner, D. E. (2001). Review：Knowledge management and knowledge management systems：Conceptual foundations and research issues. *Mis Quarterly*, 25（1），107-136.

［118］Alsharo, M. , Gregg, D. , & Ramirez, R. (2017). Virtual team effectiveness：The role of knowledge sharing and trust. *Information & Management*, 54（4），479-490.

［119］Amabile, T. M. (1995). Attributions of creativity: What are the consequences? . *Creativity Research Journal*, 8 (4), 423-426.

［120］Amabile, T. M. , Conti, R. , Coon, H. , Lazenby, J. , & Herron, M. (1996). Assessing the work environment for creativity. *Academy of Management Journal*, 39 (5), 1154-1184.

［121］Anderson, N. , Potocnik, K. , & Zhou, J. (2014). Innovation and creativity in organizations: A state-of-the-science review, prospective commentary, and guiding framework. *Journal of Management*, 40 (5), 1297-1333.

［122］Andrews, K. M. , & Delahaye, B. L. (2000). Influences on knowledge processes in organizational learning: The psychosocial filter. *Journal of Management Studies*, 37 (6), 797-810.

［123］Arikan, A. T. (2009). Interfirm knowledge exchanges and the knowledge creation capability of clusters. *Academy of Management Review*, 34 (4), 658-676.

［124］Auh, S. , Spyropoulou, S. , Menguc, B. , & Uslu, A. (2014). When and how does sales team conflict affect sales team performance? . *Journal of the Academy of Marketing Science*, 42 (6), 658-679.

［125］Avey, J. B. , Reichard, R. J. , Luthans, F. , & Mhatre, K. H. (2011). Meta-analysis of the impact of positive psychological capital on employee attitudes, behaviors, and performance. *Human Resource Development Quarterly*, 22 (2), 127-152.

［126］Baba, M. M. (2020). Knowledge management in organisations: A critical review. *International Journal of Knowledge Management and Practices*, 8 (1), 18-22.

［127］ Baer, M. , Vadera, A. K. , Leenders, R. , & Oldham, G. R. (2014). Intergroup competition as a double-edged sword: How sex composition regulates the effects of competition on group creativity. *Organization Science*, 25 (3), 892-908.

［128］ Bai, Y. T. , Lin, L. , & Li, P. P. (2016). How to enable employee creativity in a team context: A cross-level mediating process of transformational leadership. *Journal of Business Research*, 69 (9), 3240-3250.

［129］ Balde, M. , Ferreira, A. I. , & Maynard, T. (2018). SECI driven creativity: The role of team trust and intrinsic motivation. *Journal of Knowledge Management*, 22 (8), 1688-1711.

［130］ Barker, R. (2015). Management of knowledge creation and sharing to create virtual knowledge-sharing communities: A tracking study. *Journal of Knowledge Management*, 19 (2), 334-350.

［131］ Baum, J. A. C. , Li, S. X. , & Usher, J. M. (2000). Making the next move: How experiential and vicarious learning shape the locations of chains' acquisitions. *Administrative Science Quarterly*, 45 (4), 766-801.

［132］ Benner, M. J. , & Tushman, M. L. (2003). Exploitation, exploration, and process management: The productivity dilemma revisited. *Academy of Management Review*, 28 (2), 238-256.

［133］ Bliese, P. D. , & Halverson, R. R. (1998). Group size and measures of group-level properties: An examination of eta-squared and ICC values. *Journal of Management*, 24 (2), 157-172.

［134］ Bock, G. W. , Zmud, R. W. , Kim, Y. G. , & Lee, J. N. (2005). Behavioral intention formation in knowledge sharing: Examining the roles of extrinsic motivators, social-psychological forces, and organizational climate. *Mis Quarterly*, 29 (1), 87–111.

[135] Bogler, R., & Somech, A. (2019). Psychological capital, team resources and organizational citizenship behavior. *Journal of Psychology*, 153 (8), 784–802.

[136] Boisot, M. (1999). *Knowledge Assets*. New Yorl: Oxford University Press.

[137] Bontis, N., Crossan, M. M., & Hulland, J. (2002). Managing an organizational learning system by aligning stocks and flows. *Journal of Management Studies*, 39 (4), 437–469.

[138] Bresman, H. (2010). External learning activities and team performance: A multimethod field study. *Organization Science*, 21 (1), 81–96.

[139] Brix, J. (2017). Exploring knowledge creation processes as a source of organizational learning: A longitudinal case study of a public innovation project. *Scandinavian Journal of Management*, 33 (2), 113–127.

[140] Brix, J. (2019). Innovation capacity building: An approach to maintaining balance between exploration and exploitation in organizational learning. *Learning Organization*, 26 (1), 12–26.

[141] Burgelman, R. A. (2002). Strategy as vector and the inertia of coevolutionary lock-in. *Administrative Science Quarterly*, 47 (2), 325–357.

[142] Byrne, B. M. (2013). *Structural Equation Modeling with AMOS: Basic Concepts, Applications, and Programming*. Routledge Press.

[143] Camison, C., & Fores, B. (2010). Knowledge absorptive capacity: New insights for its conceptualization and measurement. *Journal of Business Re-*

search, 63 (7), 707-715.

[144] Cangelosi, V. E. , & Dill, W. R. (1965). Organizational learning-observations toward a theroy. *Administrative Science Quarterly*, 10 (2), 175-203.

[145] Canonico, P. , De Nito, E. , Esposito, V. , Iacono, M. P. , & Consiglio, S. (2020). Knowledge creation in the automotive industry: Analysing obeya-oriented practices using the SECI model. *Journal of Business Research*, 112, 450-457.

[146] Cao, Q. , Gedajlovic, E. , & Zhang, H. P. (2009). Unpacking organizational ambidexterity: Dimensions, contingencies, and synergistic effects. *Organization Science*, 20 (4), 781-796.

[147] Cao, X. F. , & Ali, A. (2018). Enhancing team creative performance through social media and transactive memory system. *International Journal of Information Management*, 39, 69-79.

[148] Carmeli, A. , & Paulus, P. B. (2015). CEO ideational facilitation leadership and team creativity: The mediating role of knowledge sharing. *Journal of Creative Behavior*, 49 (1), 53-75.

[149] Carmeli, A. , Dutton, J. E. , & Hardin, A. E. (2015). Respect as an engine for new ideas: Linking respectful engagement, relational information processing and creativity among employees and teams. *Human Relations*, 68 (6), 1021-1047.

[150] Carmeli, A. , Gelbard, R. , & Reiter-Palmon, R. (2013). Leadership, creative problem-solving capacity, and creative performance: The importance of knowledge sharing. *Human Resource Management*, 52 (1), 95-121.

[151] Cauwelier, P. , Ribiere, V. M. , & Bennet, A. (2019). The influ-

ence of team psychological safety on team knowledge creation: A study with French and American engineering teams. *Journal of Knowledge Management*, 23 (6), 1157-1175.

[152] Chan, D. (1998). Functional relations among constructs in the same content domain at different levels of analysis: A typology of composition models. *Journal of Applied Psychology*, 83 (2), 234-246.

[153] Chandrasekaran, A., & Linderman, K. (2015). Managing knowledge creation in high-tech R&D projects: A multimethod study. *Decision Sciences*, 46 (2), 267-300.

[154] Chang, J. J., Hung, K. P., & Lin, M. (2014). Knowledge creation and new product performance: The role of creativity. *R&D Management*, 44 (2), 107-123.

[155] Cheung, S. Y., Gong, Y. P., Wang, M., Zhou, L., & Shi, J. Q. (2016). When and how does functional diversity influence team innovation? The mediating role of knowledge sharing and the moderation role of affect-based trust in a team. *Human Relations*, 69 (7), 1507-1531.

[156] Choi, D. Y., & Lee, K. C. (2015). Dynamic resource allocation for exploitation and exploration with ambidexterity: Logical mechanism and simulations. *Computers in Human Behavior*, 42, 120-126.

[157] Choi, S. Y., Lee, H., & Yoo, Y. (2010). The impact of information technology and transactive memory systems on knowledge sharing, application, and team performance: A field study. *Mis Quarterly*, 34 (4), 855-870.

[158] Choo, A. S., Linderman, K. W., & Schroeder, R. G. (2007). Method and psychological effects on learning behaviors and knowledge creation in

quality improvement projects. *Management Science*, 53 (3), 437–450.

[159] Christina Ling-hsing, C., & Tung-Ching, L. (2015). The role of organizational culture in the knowledge management process. *Journal of Knowledge Management*, 19 (3), 433–455.

[160] Chung, T. T., Liang, T. P., Peng, C. H., Chen, D. N., & Sharma, P. (2019). Knowledge creation and organizational performance: Moderating and mediating processes from an organizational agility perspective. *Transactions on Human-Computer Interaction*, 11 (2).

[161] Clapp-Smith, R., Vogelgesang, G. R., & Avey, J. B. (2008). Authentic leadership and positive psychological capital. *Journal of Leadership & Organizational Studies*, 15 (3), 227–240.

[162] Crossan, M. M., & Berdrow, I. (2003). Organizational learning and strategic renewal. *Strategic Management Journal*, 24 (11), 1087–1105.

[163] Crossan, M. M., Lane, H. W., & White, R. E. (1999). An organizational learning framework: From intuition to institution. *Academy of Management Review*, 24 (3), 522–537.

[164] Cummings, J. N. (2004). Work groups, structural diversity, and knowledge sharing in a global organization. *Management Science*, 50 (3), 352–364.

[165] Cyert, R. M., & March, J. G. (1963). *A Behavioral Theory of the Firm*. Englewood Cliffs, NJ: Prentice-Hall.

[166] Dalkir, K. (2017). *Knowledge Management in Theory and Practice*. London: Cambridge.

[167] Daniel Palacios, M., & Fernando JoséGarrigós, S. (2006). The

effect of knowledge management practices on firm performance. *Journal of Knowledge Management*, 10 (3), 143-156.

[168] Dawkins, S., Martin, A., Scott, J., & Sanderson, K. (2015). Advancing conceptualization and measurement of psychological capital as a collective construct. *Human Relations*, 68 (6), 925-949.

[169] Dawkins, S., Martin, A., Scott, J., Sanderson, K., & Schuz, B. (2021). A cross-level model of team-level psychological capital (PsyCap) and individual – and team – level outcomes. *Journal of Management & Organization*, 27 (2), 397-416.

[170] de Noni, I., & Apa, R. (2015). The moderating effect of exploitative and exploratory learning on internationalisation – performance relationship in SMEs. *Journal of International Entrepreneurship*, 13 (2), 96-117.

[171] de Vries, R. E., Van den Hooff, B., & De Ridder, J. A. (2006). Explaining knowledge sharing—The role of team communication styles, job satisfaction, and performance beliefs. *Communication Research*, 33 (2), 115-135.

[172] Degoey, P. (2000). Contagious justice: Exploring the social construction of justice in organizations. In B. M. Staw & R. I. Sutton (Eds.), *Research in Organizational Behavior*, 22, 2000: *An Annual Series of Analytical Essays and Critical Reviews* (Vol. 22, pp. 51-102). San Diego: Jai-Elsevier Science Inc.

[173] Dello Russo, S., & Stoykova, P. (2015). Psychological capital intervention (PCI): A replication and extension. *Human Resource Development Quarterly*, 26 (3), 329-347.

[174] Dew, N., Velamuri, S. R., & Venkataraman, S. (2004). Dispers-

ed knowledge and an entrepreneurial theory of the firm. *Journal of Business Venturing*, 19 (5), 659-679.

[175] Dodgson, M. (1993). Organizational learning—A review of some literatures. *Organization Studies*, 14 (3), 375-394.

[176] Dong, Y. T., Bartol, K. M., Zhang, Z. X., & Li, C. W. (2017). Enhancing employee creativity via individual skill development and team knowledge sharing: Influences of dual-focused transformational leadership. *Journal of Organizational Behavior*, 38 (3), 439-458.

[177] Drucker, P. (1964) . *Managing for Results*. Oxford: Butterworth-Heineman.

[178] Duc, L. A., Tho, N. D., Nakandala, D., & Lan, Y. C. (2020). Team innovation in retail services: The role of ambidextrous leadership and team learning. *Service Business*, 14 (1), 167-186.

[179] Duncan, R. B. (1976) . The ambidextrous organization: Designing dual structures for innovations. In: Kilmann, R. H., Pondy, L. R. and Slevin, D. P. (eds.) . The Management of Organization Design. Strategies and Implementation, Vol. 1. New York, Oxford, Amsterdam: North-Holland, 167-188.

[180] Dyer, J. H., & Nobeoka, K. (2000) . Creating and managing a high-performance knowledge-sharing network: The Toyota case. *Strategic Management Journal*, 21 (3), 345-367.

[181] Easterby-Smith, M., & Lyles, M. A. (2011). *The Evolving Field of Organizational Learning and Knowledge Management*. Oxford: Blackwell Science Publishing.

[182] Easterby-Smith, M., Crossan, M., & Nicolini, D. (2000). Or-

ganizational learning: Debates past, present and future. *Journal of Management Studies*, 37 (6), 783-796.

[183] Edmondson, A. (1999). Psychological safety and learning behavior in work teams. *Administrative Science Quarterly*, 44 (2), 350-383.

[184] Edmondson, A. C. (2002). The local and variegated nature of learning in organizations: A group - level perspective. *Organization Science*, 13 (2), 128-146.

[185] Ellis, A. P. J., Hollenbeck, J. R., Ilgen, D. R., Porter, C., West, B. J., & Moon, H. (2003). Team learning: Collectively connecting the dots. *Journal of Applied Psychology*, 88 (5), 821-835.

[186] Fang, C., Lee, J., & Schilling, M. A. (2010). Balancing exploration and exploitation through structural design: The isolation of subgroups and organizational learning. *Organization Science*, 21 (3), 625-642.

[187] Farh, J. L., Lee, C., & Farh, C. I. C. (2010). Task conflict and team creativity: A question of how much and when. *Journal of Applied Psychology*, 95 (6), 1173-1180.

[188] Flinchbaugh, C., Li, P. S., Luth, M. T., & Chadwick, C. (2016). Team - level high Involvement work practices: Investigating the role of knowledge sharing and perspective taking. *Human Resource Management Journal*, 26 (2), 134-150.

[189] Fteimi, N., & Lehner, F. (2013). A systematic review and comparison of knowledge management - frameworks. In Janiunaite, B., Petraite, M., & Pundziene, A. (Eds.), *Proceedings of the 14th European Conference on Knowledge Management* (pp. 219-226). Kaunas: Kaunas Univ Technol.

［190］Gardner, H. K. , Gino, F. , & Staats, B. R. (2012). Dynamically integrating knowledge in teams: Transforming resources into performance. *Academy of Management Journal*, 55 (4), 998-1022.

［191］Gibson, C. B. , & Birkinshaw, J. (2004). The antecedents, consequences, and mediating role of organizational ambidexterity. *Academy of Management Journal*, 47 (2), 209-226.

［192］Gilson, L. L. , & Madjar, N. (2011). Radical and incremental creativity: Antecedents and processes. *Psychology of Aesthetics Creativity and the Arts*, 5 (1), 21-28.

［193］Girard, J. P. , & Girard, J. L. (2015) . Defining knowledge management: Toward an applied compendium. *Online Journal of Applied Knowledge Management*, 3 (1), 1-20.

［194］Gold, A. H. , Malhotra, A. , & Segars, A. H. (2001). Knowledge management: An organizational capabilities perspective. *Journal of Management Information Systems*, 18 (1), 185-214.

［195］Goldsmith, A. H. , Veum, J. R. , & Darity, W. (1997). The impact of psychological and human capital on wages. *Economic Inquiry*, 35 (4), 815-829.

［196］Goncalves, L. , & Brandao, F. (2017). The relation between leader's humility and team creativity: The mediating effect of psychological safety and psychological capital. *International Journal of Organizational Analysis*, 25 (4), 687-702.

［197］Gong, Y. P. , Kim, T. Y. , Lee, D. R. , & Zhu, J. (2013) . A multilevel model of team goal orientation, information exchange, and creativity. *Academy of Management Journal*, 56 (3), 827-851.

[198] Goswami, A. K., & Agrawal, R. K. (2019). Explicating the influence of shared goals and hope on knowledge sharing and knowledge creation in an emerging economic context. *Journal of Knowledge Management*, 24 (2), 172-195.

[199] Grant, A. M., & Berry, J. W. (2011). The necessity of others is the mother of invention: Intrinsic and prosocial motivations, perspective taking and creativity. *Academy of Management Journal*, 54 (1), 73-96.

[200] Grant, R. M. (1996). Toward a knowledge - based theory of the firm. *Strategic Management Journal*, 17, 109-122.

[201] Gupta, A. K., Smith, K. G., & Shalley, C. E. (2006). The interplay between exploration and exploitation. *Academy of Management Journal*, 49 (4), 693-706.

[202] Guttel, W. H., Konlechner, S. W., & Trede, J. K. (2015). Standardized individuality versus individualized standardization: The role of the context in structurally ambidextrous organizations. *Review of Managerial Science*, 9 (2), 261-284.

[203] Gülen Ertosun, Ö., Erdil, O., Deniz, N., & Alpkan, L. (2015). Positive psychological capital development: A field study by the solomon four group design. *International Business Research*, 8 (10).

[204] Haas, M. R., & Hansen, M. T. (2007). Different knowledge, different benefits: Toward a productivity perspective on knowledge sharing in organizations. *Strategic Management Journal*, 28 (11), 1133-1153.

[205] Hargadon, A. B., & Bechky, B. A. (2006). When collections of creatives become creative collectives: A field study of problem solving at

work. *Organization Science*, 17 (4), 484-500.

[206] Harris, S. G., & Mossholder, K. W. (1996). The affective implications of perceived congruence with culture dimensions during organizational transformation. *Journal of Management*, 22 (4), 527-547.

[207] He, Z. L., & Wong, P. K. (2004). Exploration vs. exploitation: An empirical test of the ambidexterity hypothesis. *Organization Science*, 15 (4), 481-494.

[208] Heled, E., Somech, A., & Waters, L. (2016). Psychological capital as a team phenomenon: Mediating the relationship between learning climate and outcomes at the individual and team levels. *Journal of Positive Psychology*, 11 (3), 303-314.

[209] Henttonen, K., Janhonen, M., & Johanson, J. E. (2013). Internal social networks in work teams: Structure, knowledge sharing and performance. *International Journal of Manpower*, 34 (6), 616-634.

[210] Hoever, I. J., van Knippenberg, D., van Ginkel, W. P., & Barkema, H. G. (2012). Fostering team creativity: Perspective taking as key to unlocking diversity's potential. *Journal of Applied Psychology*, 97 (5), 982-996.

[211] Hoever, I. J., Zhou, J., & van Knippenberg, D. (2018). Different strokes for different teams: The contingent effects of positive and negative feedback on the creativity of informationally homogeneous and diverse teams. *Academy of Management Journal*, 61 (6), 2159-2181.

[212] Holmqvist, M. (2003). A dynamic model of intra-and interorganizational learning. *Organization Studies*, 24 (1), 95-123.

[213] Holsapple, C. W., Jones, K., & Leonard, L. N. K. (2015). Knowledge acquisition and its impact on competitiveness. *Knowledge and Process*

Management, 22 (3), 157-166.

[214] Hsu, B. F. , Wu, W. L. , & Yeh, R. S. (2011). Team personality composition, affective ties and knowledge sharing: A team - level analysis. *International Journal of Technology Management*, 53 (2-4), 331-351.

[215] Hu, B. , & Zhao, Y. D. (2016). Creative self-efficacy mediates the relationship between knowledge sharing and employee innovation. *Social Behavior and Personality*, 44 (5), 815-826.

[216] Hu, N. , Chen, Z. , Gu, J. B. , Huang, S. L. , & Liu, H. F. (2017). Conflict and creativity in inter-organizational teams: The moderating role of shared leadership. *International Journal of Conflict Management*, 28 (1), 74-102.

[217] Huang, C. C. (2009). Knowledge sharing and group cohesiveness on performance: An empirical study of technology R&D teams in Taiwan. *Technovation*, 29 (11), 786-797.

[218] Huang, J. W. , & Li, Y. H. (2017). The mediating role of ambidextrous capability in learning orientation and new product performance. *Journal of Business and Industrial Marketing*, 32 (5), 613-624.

[219] Huang, L. , & Luthans, F. (2015). Toward better understanding of the learning goal orientation-creativity relationship: The role of positive psychological capital. *Applied Psychology-an International Review-Psychologie Appliquee-Revue Internationale*, 64 (2), 444-472.

[220] Huang, S. Z. , Lu, J. Y. , Chau, K. Y. , & Zeng, H. L. (2020). Influence of ambidextrous learning on eco-innovation performance of startups: Moderating effect of top management's environmental awareness. *Frontiers in Psychology*,

11, 1-12.

[221] Huang, X., Hsieh, J., & He, W. (2014). Expertise dissimilarity and creativity: The contingent roles of tacit and explicit knowledge sharing. *Journal of Applied Psychology*, 99 (5), 816-830.

[222] Huber, G. P. (1991). Organizational learning: The contributing processes and the literatures. *Organization Science*, 2 (1), 88-115.

[223] Hughes, D. J., Lee, A., Tian, A. W., Newman, A., & Legood, A. (2018). Leadership, creativity, and innovation: A critical review and practical recommendations. *Leadership Quarterly*, 29 (5), 549-569.

[224] Im, S., Montoya, M. M., & Workman, J. P. (2013). Antecedents and consequences of creativity in product innovation teams. *Journal of Product Innovation Management*, 30 (1), 170-185.

[225] Inkpen, A. C., & Crossan, M. M. (1995). Believing is seeing: Joint ventures and organization learning. *Journal of Management Studies*, 32 (5), 595-618.

[226] Iqbal, S., Toulson, P., & Tweed, D. (2015). Employees as performers in knowledge intensive firms: Role of knowledge sharing. *International Journal of Manpower*, 36 (7), 1072-1094.

[227] Jakubik, M. (2008). Experiencing collaborative knowledge creation processes. *Learning Organization*, 15 (1).

[228] James, L. R. (1982). Aggregation bias in estimates of perceptual agreement. *Journal of Applied Psychology*, 67 (2), 219-229.

[229] James, L. R., Demaree, R. G., & Wolf, G. (1984). Estimating within-group interrater reliability with and without response bias. *Journal of Applied*

Psychology, 69（1）, 85-98.

［230］ James, L. R. , Demaree, R. G. , & Wolf, G. (1993). Rwg: An assessment of within-group inter-rater agreement. *Journal of Applied Psychology*, 78（2）, 306-309.

［231］ Jansen, J. J. P. , Kostopoulos, K. C. , Mihalache, O. R. , & Papalexandris, A. (2016). A socio-psychological perspective on team ambidexterity: The contingency role of supportive leadership behaviours. *Journal of Management Studies*, 53（6）, 939-965.

［232］ Kaba, A. , & Ramaiah, C. K. (2017). Demographic differences in using knowledge creation tools among faculty members. *Journal of Knowledge Management*, 21（4）, 857-871.

［233］ Jing-Lih, F. , Cynthia, L. , & Farh, C. I. C. (2010). Task conflict and team creativity: A question of how much and when. *Journal of Applied Psychology*, 95（6）, 1173-1180.

［234］ Kang, H. , & Kim, M. (2019). The differential effect of exploration and exploitation on work performances. *Sustainability*, 11（7）.

［235］ Kang, M. , & Lee, M. J. (2017). Absorptive capacity, knowledge sharing, and innovative behaviour of R&D employees. *Technology Analysis & Strategic Management*, 29（2）, 219-232.

［236］ Kang, S. C. , & Snell, S. A. (2009). Intellectual capital architectures and ambidextrous learning: A framework for human resource management. *Journal of Management Studies*, 46（1）, 65-92.

［237］ Kao, S. C. , & Wu, C. (2016). The role of creation mode and social networking mode in knowledge creation performance: Mediation effect of creation process. *Information & Management*, 53 (6), 803-816.

[238] Khedhaouria, A. , & Jamal, A. (2015). Sourcing knowledge for innovation: Knowledge reuse and creation in project teams. *Journal of Knowledge Management*, 19 (5), 932-948.

[239] Kim, D. H. (1993). The link between individual and organizational learning *Sloan Management Review*, 35 (1), 37-50.

[240] Kostopoulos, K. C. , & Bozionelos, N. (2011). Team exploratory and exploitative learning: Psychological safety, task conflict, and team performance. *Group & Organization Management*, 36 (3), 385-415.

[241] Lant, T. K. , & Mezias, S. J. (1992). An organizational learning-model of convergence and reorientation. *Organization Science*, 3 (1), 47-71.

[242] Lavie, D. , & Rosenkopf, L. (2006). Balancing exploration and exploitation in alliance formation. *Academy of Management Journal*, 49 (4), 797-818.

[243] Lavie, D. , Kang, J. , & Rosenkopf, L. (2011). Balance within and across domains: The performance implications of exploration and exploitation in alliances. *Organization Science*, 22 (6), 1517-1538.

[244] Lee, C. Y. , Wu, H. L. , & Liu, C. Y. (2013). Contextual determinants of ambidextrous learning: Evidence from industrial firms in four industrialized countries. *IEEE Transactions on Engineering Management*, 60 (3), 529-540.

[245] Lee, J. , Lee, H. , & Park, J. G. (2014). Exploring the impact of empowering leadership on knowledge sharing, absorptive capacity and team performance in IT service. *Information Technology & People*, 27 (3), 366-386.

[246] Lee, J. W. , & Song, Y. (2020). Promoting employee job crafting at

work: The roles of motivation and team context. *Personnel Review*, 49 (3), 689-708.

[247] Levitt, B. , & March, J. G. (1988). Organizational learning. *Annual Review of Sociology*, 14, 319-340.

[248] Li, C. R. , Lin, C. J. , & Liu, J. (2019). The role of team regulatory focus and team learning in team radical and incremental creativity. *Group & Organization Management*, 44 (6), 1036-1066.

[249] Li, C. R. , Lin, C. J. , Tien, Y. H. , & Chen, C. M. (2017). A multilevel model of team cultural diversity and creativity: The role of climate for inclusion. *Journal of Creative Behavior*, 51 (2), 163-179.

[250] Li, T. , & Yue, C. (2019). Working with creative leaders: An examination of the relationship between leader and team creativity. *Social Behavior and Personality*, 47 (6), 12.

[251] Li, Y. , Vanhaverbeke, W. , & Schoenmakers, W. (2008). Exploration and exploitation in innovation: Reframing the interpretation. *Creativity and Innovation Management*, 17 (2), 107-126.

[252] Li, Y. H. , Wang, Z. , Yang, L. Q. , & Liu, S. B. (2016). The crossover of psychological distress from leaders to subordinates in teams: The role of abusive supervision, psychological capital, and team performance. *Journal of Occupational Health Psychology*, 21 (2), 142-153.

[253] Liao, Y. C. , & Phan, P. H. (2016). Internal capabilities, external structural holes network positions, and knowledge creation. *Journal of Technology Transfer*, 41 (5), 1148-1167.

[254] Lin, H. E. , & McDonough, E. F. (2014). Cognitive frames, learn-

ing mechanisms, and innovation ambidexterity. *Journal of Product Innovation Management*, 31 (S1), 170-188.

[255] Liu, M. S. , & Liu, N. C. (2008). Sources of knowledge acquisition and patterns of knowledge - sharing behaviors - An empirical study of Taiwanese high - tech firms. *International Journal of Information Management*, 28 (5), 423-432.

[256] Liu, Y. W. , & Phillips, J. S. (2011). Examining the antecedents of knowledge sharing in facilitating team innovativeness from a multilevel perspective. *International Journal of Information Management*, 31 (1), 44-52.

[257] Liu, Y. W. , Keller, R. T. , & Shih, H. A. (2011). The impact of team-member exchange, differentiation, team commitment, and knowledge sharing on R&D project team performance. *R&D Management*, 41 (3), 274-287.

[258] Loehlin, J. C. (2013) . *Latent Variable Models: An Introduction to Factor, Path, and Structural Equation Analysis*. New York, NY: Routledge.

[259] Lopez - Nicolas, C. , & Molina - Castillo, F. J. (2008). Customer knowledge management and e-commerce: The role of customer perceived risk. *International Journal of Information Management*, 28 (2), 102-113.

[260] Lumpkin, G. T. (2005). The role of organizational learning in the opportunity - recognition process. *Entrepreneurship Theory and Practice*, 29 (4), 451-472.

[261] Luthans, F. (2002a). The need for and meaning of positive organizational behavior. *Journal of Organizational Behavior*, 23 (6), 695-706.

[262] Luthans, F. (2002b) . Positive organizational behavior: Developing and managing psychological strengths. *Academy of Management Executive*, 16 (1),

57-72.

[263] Luthans, F., & Youssef-Morgan, C. M. (2017). Psychological capital: An evidence-based positive approach. *Annual Review of Organizational Psychology and Organizational Behavior*, 4 (1), 339-366.

[264] Luthans, F., Avey, J. B., Clapp-Smith, R., & Li, W. (2008). More evidence on the value of Chinese workers' psychological capital. *The International Journal of Human Resource Management*, 19 (5), 818-827.

[265] Luthans, F., Avolio, B. J., Avey, J. B., & Norman, S. M. (2007). Positive psychological capital: Measurement and relationshio with performance and satisfaction. *Personnel Psychology*, 60 (3), 541-572.

[266] Luthans, F., Luthans, K. W., & Luthans, B. C. (2004). Positive psychological capital: Beyond human and social capital. *Business Horizons*, 47 (1), 45-50.

[267] Luthans, F., Vogelgesang, G. R., & Lester, P. B. (2006). Developing the Psychological Capital of Resiliency. *Human Resource Development Review*, 5 (1), 25-44.

[268] Luthans, F., Youssef, C. M., & Rawski, S. L. (2011). A tale of two paradigms: The impact of psychological capital and reinforcing feedback on problem solving and innovation. *Journal of Organizational Behavior Management*, 31 (4), 333-350.

[269] Lytras, M. D., Pouloudi, A., & Poulymenakou, A. (2002). Knowledge management convergence-expanding learning frontiers. *Journal of Knowledge Management*, 6 (1), 40.

[270] Ma, Y. R., Cheng, W. B., Ribbens, B. A., & Zhou, J. M.

(2013). Lingking ethical leadership to employee creativity: Knowledge sharing and self-efficacy as mediators. *Social Behavior and Personality*, 41 (9), 1409-1419.

[271] MacCurtain, S., Flood, P. C., Ramamoorthy, N., West, M. A., & Dawson, J. F. (2010). The top management team, reflexivity, knowledge sharing and new product performance: A study of the Irish software industry. *Creativity and Innovation Management*, 19 (3), 219-232.

[272] Madjar, N., Greenberg, E., & Chen, Z. (2011). Factors for radical creativity, incremental creativity, and routine, noncreative performance. *Journal of Applied Psychology*, 96 (4), 730-743.

[273] Madrid, H. P., Totterdell, P., Niven, K., & Barros, E. (2016). Leader affective presence and innovation in teams. *Journal of Applied Psychology*, 101 (5), 673-686.

[274] Maier, R., & Schmidt, A. (2015). Explaining organizational knowledge creation with a knowledge maturing model. *Knowledge Management Research & Practice*, 13 (4), 361-381.

[275] Majchrzak, A., Cooper, L. P., & Neece, O. E. (2004). Knowledge reuse for innovation. *Management Science*, 50 (2), 174-188.

[276] March, J. G. (1991). Exploration and exploration in organizational learning. *Organization Science*, 2 (1), 71-87.

[277] Mathe, K., Scott - Halsell, S., Kim, S., & Krawczyk, M. (2017). Psychological capital in the quick service restaurant industry: A study of unit-level performance. *Journal of Hospitality & Tourism Research*, 41 (7), 823-845.

[278] Mathieu, J. E., Hollenbeck, J. R., van Knippenberg, D., & Ilgen, D. R. (2017). A century of work teams in the Journal of Applied Psychol-

ogy. *Journal of Applied Psychology*, 102 (3), 452-467.

[279] Matusik, S. F., & Heeley, M. B. (2005). Absorptive capacity in the software industry: Identifying dimensions that affect knowledge and knowledge creation activities. *Journal of Management*, 31 (4), 549-572.

[280] Maurer, C. C., White, R. E., & Crossan, M. M. (2011). Reflections on the 2009 AMR decade award: Do we have a theory of organizational learning? . *The Academy of Management Review*, 36 (3), 446-460.

[281] Megeirhi, H. A., Kilic, H., Avci, T., Afsar, B., & Abubakar, A. M. (2018). Does team psychological capital moderate the relationship between authentic leadership and negative outcomes: An investigation in the hospitality industry. *Economic Research-Ekonomska Istrazivanja*, 31 (1), 927-945.

[282] Mitchell, R., & Boyle, B. (2010). Knowledge creation measurement methods. *Journal of Knowledge Management*, 14 (1), 67-82.

[283] Mom, T. J. M., Frans, A. J. V. D. B., & Volberda, H. W. (2007). Investigating managers' exploration and exploitation activities: The influence of top-down, bottom-up, and horizontal knowledge inflows. *The Journal of Management Studies*, 44 (6).

[284] Montag, T., Maertz, C. P., & Baer, M. (2012). A critical analysis of the workplace creativity criterion space. *Journal of Management*, 38 (4), 1362-1386.

[285] Mura, M., Lettieri, E., Radaelli, G., & Spiller, N. (2016). Behavioural operations in healthcare: A knowledge sharing perspective. *International Journal of Operations & Production Management*, 36 (10), 1222-1246.

[286] Muthuveloo, R., Shanmugam, N., & Teoh, A. P. (2017). The

impact of tacit knowledge management on organizational performance: Evidence from Malaysia. *Asia Pacific Management Review*, 22 (4), 192-201.

[287] Newman, A., Ucbasaran, D., Zhu, F., & Hirst, G. (2014). Psychological capital: A review and synthesis. *Journal of Organizational Behavior*, 35, S120-S138.

[288] Nickols, F. (2000). *The Knowledge in Knowledge Management*, *The Knowledge Management Yearbook* 2000 - 2001. Woods, Butterworth - Heinemann, 12-21.

[289] Nonaka, I. (1991). The knowledge-creating company. *Harvard Business Review*, 69 (6), 96-104.

[290] Nonaka, I. (1994). A dynamic theory of organizational knowledge creation. *Organization Science*, 5 (1), 14-37.

[291] Nonaka, I., & Takeuchi, H. (1995). *The Knowledge - creating Company: How Japanese Companies Create the Dynamics of Innovation*. New York: Oxford University Press.

[292] Nonaka, I., Toyama, R., & Konno, N. (2000). SECI, ba and leadership: A unified model of dynamic knowledge creation. *Long Range Planning*, 33 (1), 5-34.

[293] Ouyang, T. H., Cao, X., Wang, J., & Zhang, S. X. (2020). Managing technology innovation paradoxes through multi - level ambidexterity capabilities. *Internet Research*, 30 (5), 1503-1520.

[294] O' Reilly, C. A., & Tushman, M. L. (2013). Organizational ambidexterity: Past present and future. *Academy of Management Perspectives*, 27 (4), 324-338.

［295］O'Reilly, C. A., III, & Tushman, M. L. (2004). The ambidextrous organization. *Harvard Business Review*, 82 (4), 74-81.

［296］Park, C. H., Song, J. H., Lim, D. H., & Kim, J. W. (2014). The influences of openness to change, knowledge sharing intention and knowledge creation practice on employees' creativity in the Korean public sector context. *Human Resource Development International*, 17 (2), 203-221.

［297］Paulus, P. B. (2000). Groups, teams, and creativity: The creative potential of idea – generating groups. *Applied Psychology – An International Review – Psychologie Appliquee–Revue Internationale*, 49 (2), 237-262.

［298］Pellegrini, M. M., Caputo, A., & Matthews, L. (2019). Knowledge transfer within relationship portfolios: The creation of knowledge recombination rents. *Business Process Management Journal*, 25 (1), 202-218.

［299］Perretti, F., & Negro, G. (2007). Mixing genres and matching people: A study in innovation and team composition in Hollywood. *Journal of Organizational Behavior*, 28 (5), 563.

［300］Peterson, S. J., & Zhang, Z. (2011). Examining the relationships between top management team psychological characteristics, transformational leadership, and business unit performance. In. Carpenter, M. A. (Ed.). *The Handbook of Research on Top Management Teams*. (pp. 127-149). Cheltenham: Edward Elgar Publishing.

［301］Peterson, S. J., Luthans, F., Avolio, B. J., Walumbwa, F. O., & Zhang, Z. (2011). Psychological capital and employee performance: A latent growth modeling approach. *Personnel Psychology*, 64 (2), 427-450.

［302］Phipps, S., & Prieto, L. C. (2012). Knowledge is power? An inquiry into knowledge management, its effects on individual creativity, and the moderating role of an entrepreneurial mindset. *Academy of Strategic Management Journal*, 11 (1), 43-58.

［303］Popadiuk, S. , & Choo, C. W. (2006). Innovation and knowledge creation: How are these concepts related?. *International Journal of Information Management*, 26 (4), 302.

［304］Prieto - Pastor, I. , Martin - Perez, V. , & Martin - Cruz, N. (2018). Social capital, knowledge integration and learning in project-based organizations: A CEO - based study. *Journal of Knowledge Management*, 22 (8), 1803-1825.

［305］Ragab, M. A. F. , & Arisha, A. (2013). Knowledge management and measurement: A critical review. *Journal of Knowledge Management*, 17 (6), 873-901.

［306］Rebelo, T. , Dimas, I. D. , Lourenco, P. R. , & Palacio, A. (2018). Generating team PsyCap through transformational leadership: A route to team learning and performance. *Team Performance Management*, 24 (7-8), 363-379.

［307］Rego, A. , Owens, B. , Yam, K. C. , Bluhm, D. , Cunha, M. P. E. , Silard, A. , et al. (2019). Leader humility and team performance: Exploring the mediating mechanisms of team PsyCap and task allocation effectiveness. *Journal of Management*, 45 (3), 1009-1033.

［308］Revilla, E. , & Knoppen, D. (2015). Building knowledge integration in buyer-supplier relationships: The critical role of strategic supply management and trust. *International Journal of Operations & Production Management*, 35 (10), 1408-1436.

［309］Rosing, K. , Bledow, R. , Frese, M. , Baytalskaya, N. , Lasca-no, J. J. , & Farr, J. L. (2018). The temporal pattern of creativity and implemen-tation in teams. *Journal of Occupational and Organizational Psychology*, 91 (4), 798-822.

［310］Roth, A. V. , & Jackson, W. E. (1995). Strategic determinants of service quality and performance: Evidence from the banking industry. *Management Science*, 41 (11), 1720-1733.

［311］Ruggles, R. (1998). The state of the notion: Knowledge management in practice. *California Management Review*, 40 (3).

［312］Safdar, M. , Batool, S. H. , & Mahmood, K. (2021). Relation-ship between self – efficacy and knowledge sharing: Systematic review. *Global Knowledge Memory and Communication*, 70 (3), 254-271.

［313］Sawng, Y. W. , Kim, S. H. , & Han, H. S. (2006). R&D group characteristics and knowledge management activities: A comparison between ven-tures and large firms. *International Journal of Technology Management*, 35 (1-4), 241-261.

［314］Schein, E. H. (1996). Three cultures of management: The key to or-ganizational learning. *Sloan Management Review*, 38 (1), 9-20.

［315］Schulz, M. (2001). The uncertain relevance of newness: Organiza-tional learning and knowledge flows. *Academy of Management Journal*, 44 (4), 661-681.

［316］Sedighi, M. , van Splunter, S. , Brazier, F. , van Beers, C. , & Lukosch, S. (2016). Exploration of multi-layered knowledge sharing participation: The roles of perceived benefits and costs. *Journal of Knowledge Management*, 20

(6), 1247-1267.

[317] Seligman, M. E., & Csikszentmihalyi, M. (2000). Positive psychology: An introduction. *The American Psychologist*, 55 (1), 5-14.

[318] Serenko, A., & Bontis, N. (2013). The intellectual core and impact of the knowledge management academic discipline. *Journal of Knowledge Management*, 17 (1), 137-155.

[319] Shin, S. J., & Zhou, J. (2007). When is educational specialization heterogeneity related to creativity in research and development teams? Transformational leadership as a moderator. *Journal of Applied Psychology*, 92 (6), 1709-1721.

[320] Shin, Y. (2014). Positive group affect and team creativity: Mediation of team reflexivity and promotion focus. *Small Group Research*, 45 (3), 337-364.

[321] Simon, H. A. (1991). Bounded rationality and organizational learning. *Organization Science*, 2 (1), 125-134.

[322] Simsek, Z. (2009). Organizational ambidexterity: Towards a multi-level understanding. *Journal of Management Studies*, 46 (4), 597-624.

[323] Sinkula, J. M. (1994). Market-information processing and organizational learning. *Journal of Marketing*, 58 (1), 35-45.

[324] Sinkula, J. M., Baker, W. E., & Noordewier, T. (1997). A framework for market-based organizational learning: Linking values, knowledge, and behavior. *Journal of the Academy of Marketing Science*, 25 (4), 305-318.

[325] Smith, K. G., Collins, C. J., & Clark, K. D. (2005). Existing knowledge, knowledge creation capability, and the rate of new product introduction in high-technology firms. *Academy of Management Journal*, 48 (2), 346-357.

[326] Smith, W. K., & Tushman, M. L. (2005). Managing strategic contradictions: A top management model for managing innovation streams. *Organization Science*, 16 (5), 522-536.

[327] Soltani, Z., & Navimipour, N. J. (2016). Customer relationship management mechanisms: A systematic review of the state of the art literature and recommendations for future research. *Computers in Human Behavior*, 61, 667-688.

[328] Solís-Molina, M., Hernández-Espallardo, M., & Rodríguez-Orejuela, A. (2018). Performance implications of organizational ambidexterity versus specialization in exploitation or exploration: The role of absorptive capacity. *Journal of Business Research*, 91, 181-194.

[329] Somech, A., & Drach-Zahavy, A. (2013). Translating team creativity to innovation implementation: The role of team composition and climate for innovation. *Journal of Management*, 39 (3), 684-708.

[330] Srivastava, A., Bartol, K. M., & Locke, E. A. (2006). Empowering leadership in management teams: Effects on knowledge sharing, efficacy, and performance. *Academy of Management Journal*, 49 (6), 1239-1251.

[331] Stata, R. (1989). Organizational learning-The key to management innovation. *Sloan Management Review*, 30 (3), 63-74.

[332] Stojanovic-Aleksic, V., Nielsen, J. E., & Boskovic, A. (2019). Organizational prerequisites for knowledge creation and sharing: Empirical evidence from Serbia. *Journal of Knowledge Management*, 23 (8), 1543-1565.

[333] Su, C. Y., Lin, B. W., & Chen, C. J. (2016). Knowledge co-creation across national boundaries: Trends and firms' strategies. *Knowledge Management Research & Practice*, 14 (4), 457-469.

［334］Sukoco, B. M. , & Lee, L. T. S. (2017). The effects of psychological capital and teams strain on the effectiveness of NPD teams: The moderating role of perceived diversity climate. *International Journal of Innovation Management*, 21 (4), 30.

［335］Sumanarathna, N. , Duodu, B. , & Rowlinson, S. (2020). Social capital, exploratory learning and exploitative learning in project-based firms: The mediating effect of collaborative environment. *Learning Organization*, 27 (4), 351-364.

［336］Suorsa, A. R. (2015). Knowledge creation and play—A phenomenological approach. *Journal of Documentation*, 71 (3), 503-525.

［337］Suorsa, A. R. (2017). Knowledge creation and play—A phenomenological study within a multi - professional and multi - organizational community. *Journal of Documentation*, 73 (6), 1167-1191.

［338］Sweetman, D. , Luthans, F. , Avey, J. B. , & Luthans, B. C. (2011). Relationship between positive psychological capital and creative performance. *Canadian Journal of Administrative Sciences-Revue Canadienne Des Sciences de L Administration*, 28 (1), 4-13.

［339］Teo, H. H. , Wang, X. W. , Wei, K. K. , Sia, C. L. , & Lee, M. K. O. (2006). Organizational learning capacity and attitude toward complex technological innovations: An empirical study. *Journal of the American Society for Information Science and Technology*, 57 (2), 264-279.

［340］Tho, N. D. , & Duc, L. A. (2021). Team psychological capital and innovation: The mediating of team exploratory and exploitative learning. *Journal of Knowledge Management*, 25 (7), 1745-1759.

［341］Tsai, M. T. , & Li, Y. H. (2007). Knowledge creation process in new venture strategy and performance. *Journal of Business Research*, 60 (4), 371-381.

［342］Tushman, M. L. , & Oreilly, C. A. (1996). Ambidextrous organizations: Managing evolutionary and revolutionary change. *California Management Review*, 38 (4).

［343］Tywoniak, S. A. (2007). Knowledge in four deformation dimensions. *Organization*, 14 (1), 53-76.

［344］Uen, J. F. , Vandavasi, R. K. K. , Lee, K. , Yepuru, P. , & Saini, V. (2021). Job crafting and psychological capital: A multi-level study of their effects on innovative work behaviour. *Team Performance Management*, 27 (1-2), 145-158.

［345］Vandavasi, R. K. K. , McConville, D. C. , Uen, J. F. , & Yepuru, P. (2020). Knowledge sharing, shared leadership and innovative behaviour: A cross-level analysis. *International Journal of Manpower*, 41 (8), 1221-1233.

［346］Walumbwa, F. O. , Luthans, F. , Avey, J. B. , & Oke, A. (2014). Authentically leading groups: The mediating role of collective psychological capital and trust (Retraction of vol. 32, pg 4, 2011). *Journal of Organizational Behavior*, 35 (5), 746-746.

［347］Wang, J. , & Tarn, D. D. C. (2018). Are two heads better than one? Intellectual capital, learning and knowledge sharing in a dyadic interdisciplinary relationship. *Journal of Knowledge Management*, 22 (6), 1379-1407.

［348］Wang, S. , & Noe, R. A. (2010). Knowledge sharing: A review and directions for future research. *Human Resource Management Review*, 20 (2),

115-131.

[349] Wang, S., Noe, R. A., & Wang, Z. M. (2014). Motivating knowledge sharing in knowledge management systems: A quasi - field experiment. *Journal of Management*, 40 (4), 978-1009.

[350] Wilson, J. M., Goodman, P. S., & Cronin, M. A. (2007). Group learning. *Academy of Management Review*, 32 (4), 1041-1059.

[351] Witherspoon, C. L., Bergner, J., Cockrell, C., & Stone, D. N. (2013). Antecedents of organizational knowledge sharing: A meta - analysis and critique. *Journal of Knowledge Management*, 17 (2), 250-277.

[352] Wong, S. -S. (2004). Distal and local group learning: Performance trade-offs and tensions. *Organization Science*, 15 (6), 645-656.

[353] Woodman, R. W., Sawyer, J. E., & Griffin, R. W. (1993). Toward a theory of organizational creativity. *Academy of Management Review*, 18 (2), 293-321.

[354] Wright, D. K. (1995). The role of corporate public relations executives in the future of employee communications. *Public Relations Review*, 21 (3), 181-198.

[355] Wu, C. M., & Chen, T. J. (2018). Collective psychological capital: Linking shared leadership, organizational commitment, and creativity. *International Journal of Hospitality Management*, 74, 75-84.

[356] Wu, J. N., Ku, X. J., & Pan, D. H. (2017). An empirical study on how empowering leadership affects the team creativity. 2017 IEEE International Corference on Software Quality, Reliability and Security Companion (QRS-C).

[357] Wu, W. L., Hsu, B. F., & Yeh, R. S. (2007). Fostering the de-

terminants of knowledge transfer: A team-level analysis. *Journal of Information Science*, 33 (3), 326-339.

[358] Yalcinkaya, G., Calantone, R. J., & Griffith, D. A. (2007). An examination of exploration and exploitation capabilities: Implications for product innovation and market performance. *Journal of International Marketing*, 15 (4), 63-93.

[359] Yang, Z., Zhou, X. M., & Zhang, P. C. (2015). Discipline versus passion: Collectivism, centralization, and ambidextrous innovation. *Asia Pacific Journal of Management*, 32 (3), 745-769.

[360] Yi, L., Mao, H., & Wang, Z. (2019). How paradoxical leadership affects ambidextrous innovation: The role of knowledge sharing. *Social Behavior and Personality: An International Journal*, 47 (4), 1-15.

[361] Yu, C., Yu, T. F., & Yu, C. C. (2013). Knowledge sharing, organizational climate, and innovative behavior: A cross-level analysis of effects. *Social Behavior and Personality*, 41 (1), 143-156.

[362] Zhang, A. Y., Tsui, A. S., & Wang, D. X. (2011). Leadership behaviors and group creativity in Chinese organizations: The role of group processes. *Leadership Quarterly*, 22 (5), 851-862.

[363] Zhang, X. M., & Bartol, K. M. (2010). The influence of creative process engagement on employee creative performance and overall job performance: A curvilinear assessment. *Journal of Applied Psychology*, 95 (5), 862-873.

[364] Zhao, J., Ha, S. J., & Widdows, R. (2016). The influence of social capital on knowledge creation in online health communities. *Information Technology & Management*, 17 (4), 311-321.

［365］Zhao, K. , Zong, B. Q. , & Zhang, L. H. (2020). Explorative and exploitative learning in teams: Unpacking the antecedents and conse-quences. *Frontiers in Psychology*, 11, 15.

［366］Zhou, J. , & Hoever, I. J. (2014). Research on workplace creativi-ty: A review and redirection. In F. P. Morgeson (Ed.), *Annual Review of Organi-zational Psychology and Organizational Behavior*, 1, 333-359.

［367］Zhou, J. , & Shalley, C. E. (2011). Deepening our understanding of creativity in the workplace: A review of different approaches to creativity research. In. Zedeck, S. (Ed.) . APA handbook of industrial and organizational psychology, Vol. 1. Building and developing the organization (pp. 275-302) . The American Psychological Association.

附　　录

《双元学习对团队创造力的影响机制研究》
调查问卷

尊敬的女士/先生：

　　您好！

　　首先非常感谢您在百忙之中抽出时间帮我完成这份问卷。这是一份学术性问卷，对于您的选择我充分尊重，只需按照您真实的想法作答即可。问卷的填写对于后续的统计分析具有十分重要的意义。由于答题不全的问卷无法进行统计分析，请您逐题作答。我们郑重向您承诺，对您所提供的所有信息严格保密，本次调研所获得的全部资料只用于学术研究，绝不会作其他任何用途。

　　衷心感谢您的无私协助，并祝您工作顺利、万事顺遂！

填写说明：

请在符合您情况的项目所对应的"□"内打"√"；在空白处请填上您的相应信息。

团队是企业的最小行政划分单位。

第一部分　个人、团队、企业基本情况

1. 您的性别：

□男　　□女

2. 您的年龄：

□25 岁及以下　□26～30 岁　□31～35 岁　□36～40 岁　□40 岁以上

3. 您的受教育程度：

□大专以下　□大专　□本科　□硕士　□博士

4. 贵团队所从事的业务范围属于：

□开发新产品/服务　□营销/销售/市场拓展　□生产或质量　□其他

5. 贵团队总人数：

□5 人及以下　□6～10 人　□11～15 人　□16～20 人　□21 人及以上

6. 贵团队成立时间：

□半年以下　□半年至 1 年　□1～2 年　□2～3 年　□3 年以上

7. 您在现企业工作的时间：

□1 年以下　□1～3 年　□3～5 年　□5～7 年　□7 年以上

8. 贵企业所属行业类别：

□信息传输、软件和信息技术服务业　□科学研究和技术服务业　□化工业　□制药业　□机械制造业　□批发和零售业　□金融业　□其他：_____

9. 贵企业的性质：

□国有控股或集体企业　□私营企业　□外商独资企业　□中外合资企业　□其他：_____

10. 贵企业员工人数为：

□50 人以下　□51~100 人　□101~200 人　□201~500 人　□501 人及以上

11. 贵企业成立时间为：

□1 年以下　□1~5 年　□6~10 年　□11~15 年　□16~20 年　□20 年以上

12. 贵企业的发展阶段是：

□初创阶段　□成长阶段　□成熟阶段　□转型阶段

第二部分　相关变量的测量

（7 级评分：1 代表非常不同意，2 代表不同意，3 代表较不同意，4 代表一般，5 代表较同意，6 代表同意，7 代表非常同意，请选择最合适的分值，单选题）

（一）团队探索性学习

编号	题项	1	2	3	4	5	6	7
TTS1	我们团队成员在项目期间会系统地寻找新的可能性	□	□	□	□	□	□	□
TTS2	我们团队成员经常会为复杂的问题提供新的想法和解决方案	□	□	□	□	□	□	□
TTS3	我们团队成员尝试了新的和创造性的方法来完成工作	□	□	□	□	□	□	□
TTS4	我们团队成员评估了关于项目过程的各种选择	□	□	□	□	□	□	□
TTS5	我们团队成员在项目过程中开发了许多新技能	□	□	□	□	□	□	□

（二）团队利用性学习

编号	题项	1	2	3	4	5	6	7
TLY1	为了完成工作，我们团队的成员重组了现有的知识	□	□	□	□	□	□	□
TLY2	在我们的团队中，我们主要进行日常活动	□	□	□	□	□	□	□
TLY3	在项目期间，我们的团队实施了标准化的方法和常规的工作实践	□	□	□	□	□	□	□

编号	题项	1	2	3	4	5	6	7
TLY4	在项目期间，我们团队成员改进和完善了现有的知识和专业技能	☐	☐	☐	☐	☐	☐	☐
TLY5	我们团队成员主要使用当前的知识和技能来完成任务	☐	☐	☐	☐	☐	☐	☐

（三）知识创造

编号	题项	1	2	3	4	5	6	7
KC1	我们团队进行的项目增强和丰富了团队执行未来工作的能力和知识	☐	☐	☐	☐	☐	☐	☐
KC2	我们团队在这个项目中找到的解决方案对公司来说显然是独特和新颖的	☐	☐	☐	☐	☐	☐	☐
KC3	我们团队在做这个项目时产生了许多新的想法	☐	☐	☐	☐	☐	☐	☐

（四）知识共享

编号	题项	1	2	3	4	5	6	7
KS1	我们团队成员愿意相互分享工作报告	☐	☐	☐	☐	☐	☐	☐
KS2	我们团队成员愿意相互提供工作手册和方法	☐	☐	☐	☐	☐	☐	☐
KS3	我们团队成员愿意相互分享他们的工作经验或诀窍	☐	☐	☐	☐	☐	☐	☐
KS4	我们团队成员总是会应其他成员的要求提供他们所知道的信息	☐	☐	☐	☐	☐	☐	☐
KS5	我们团队成员总是会与其他团队成员分享他们的教育或培训经验	☐	☐	☐	☐	☐	☐	☐

（五）团队心理资本

编号	题项	1	2	3	4	5	6	7
TPC1	我们团队成员都相信自己对团队的发展有贡献	☐	☐	☐	☐	☐	☐	☐
TPC2	我们团队成员都相信自己能够协助上司设定团队目标	☐	☐	☐	☐	☐	☐	☐
TPC3	我们团队成员能够想出很多办法来达成团队目标	☐	☐	☐	☐	☐	☐	☐
TPC4	我们团队成员能够想出很多办法来帮助团队摆脱困境	☐	☐	☐	☐	☐	☐	☐
TPC5	我们团队成员对自己工作中未来会发生什么都很乐观	☐	☐	☐	☐	☐	☐	☐

编号	题项	1	2	3	4	5	6	7
TPC6	我们团队成员总是看到自己工作中积极的一面	□	□	□	□	□	□	□
TPC7	我们团队成员通常对工作中的压力泰然处之	□	□	□	□	□	□	□
TPC8	我们团队成员在工作中遭遇挫败都能够很快地重新振作	□	□	□	□	□	□	□

（六）团队创造力

编号	题项	1	2	3	4	5	6	7
TC1	团队产生新想法的能力很强	□	□	□	□	□	□	□
TC2	团队产生的那些新想法很有用	□	□	□	□	□	□	□
TC3	团队很有创造力	□	□	□	□	□	□	□
TC4	团队的新想法对企业很重要	□	□	□	□	□	□	□

问卷至此结束，再次衷心感谢！